高质量经营

企业持续成长的秘密

OPTIMAL
BUSINESS SYSTEMS

杨东文 • 著

机械工业出版社
CHINA MACHINE PRESS

图书在版编目（CIP）数据

高质量经营：企业持续成长的秘密 / 杨东文著 . —北京：机械工业出版社，2022.10
（2024.12 重印）
ISBN 978-7-111-71851-2

I. ①高… Ⅱ. ①杨… Ⅲ. ①企业经营管理 Ⅳ. ① F272.3

中国版本图书馆 CIP 数据核字（2022）第 195354 号

高质量经营：企业持续成长的秘密

出版发行：机械工业出版社（北京市西城区百万庄大街 22 号　邮政编码：100037）	
责任编辑：华　蕾	责任校对：韩佳欣　王　延
印　　刷：北京富资园科技发展有限公司	版　　次：2024 年 12 月第 1 版第 3 次印刷
开　　本：170mm×230mm　1/16	印　　张：16.25
书　　号：ISBN 978-7-111-71851-2	定　　价：79.00 元

客服电话：(010) 88361066　68326294

版权所有・侵权必究
封底无防伪标均为盗版

FOREWORD ▶ 推荐序一

企业一把手必备的经营手册

杨东文先生的新著《高质量经营》，理论与实践结合，用最朴素的语言讲述了企业经营管理最重要的命题，其中凝结了杨东文先生在其20多年企业经营和管理过程中的实战经验与智慧，相信对各行各业的企业家和管理者都颇具借鉴意义，因此我非常愿意向大家推荐本书，同时分享我的一些心得和体会。

《高质量经营》全书分为三个部分。第一部分从企业行为视角重新梳理了经营和管理的定义，通过厘清二者的边界来探讨企业经营之道。同时，提出高质量经营的本质是盈利，并从财务视角进行了剖析，展示了如何应用三张财务报表给企业做"体检"。第二部分深入阐述了高质量经营的前提、逻辑和组织，系统且形象地揭示了经营与管理"你中有我、我中有你"的密不可分的关系。第三部分提出了高质量经营的三大维度——产品经营、资产经营和产业经营，将经营视角从企业单一主体延伸到产业共生体，高屋建瓴且体系完整。

在我看来，《高质量经营》至少有三大亮点值得分享。

第一，理论水平高，善于揭示事物本质。经营和管理属于人人都能说出一二，却很难直击本质的话题。作者结合自己在企业经营和管理实践中的体会，打破传统认知，将经营和管理拆解开来，首先重新定义经营和管理，提出"经营"的三种特点和"管理"的三种特点，其次指出"先有经营，后有管理""没有经营，谈何管理""管理必须服务经营"等态度鲜明、独树一帜的观点和论述，最后从前提、逻辑、组织论证"高质量经营"。作者对于经营和管理的完整认知，是极具原创性和逻辑性的思考和理论探索。

第二，高水平应用，实践创新多。企业在不同的发展阶段，所面对的关键问题并不相同，因此经营和管理的侧重点也不同，这就要求企业能结合所处环境因地制宜、创新实践。基于扎实的财务功底，作者提出了如何根据三张财务报表给企业做"体检"，从而判断经营质量的方法，给出了针对经营能力、运营能力、筹资能力/偿债能力、风控能力四个维度的建议。此外，书中每个章节每个论点下都有相应的企业案例作为支撑，可以帮助读者更好地理解内容。通过案例学习，可以实现理论与实践高水平应用结合。

第三，善于总结提炼经验并理论化，经营金句信手拈来。"盈利是高质量经营的核心标准""高质量经营的前提：看趋势，想清楚，坚持干""组织决定企业发展的天花板""产品经营与其迎合需要，不如创造想要""资产经营的本质是让有限的资产更快地周转""产业经营从塑造利益共同体开始",诸如此类的金句不胜枚举。作者将自己的洞察提炼、加工、萃取成要点清晰且结构化的理论,朗朗上口,让读者更容易记忆和加以应用。

此外,作者在书中还特别强调了商业模式与经营逻辑的关系,指出商业模式与企业经营紧密关联——企业经营侧重内部视角,而商业模式则恰好补充了外部视角。作为一个研究商业模式多年的理论创新者和践行者,关于商业模式与企业经营的区别和联系,我还想补充一些我的研究心得。

正如作者在书中提到的高质量经营的三大维度,在商业模式的分析框架里也有三层空间,即战略空间、商业模式空间和共生体空间。站在不同的空间视角上,思考的格局就不一样,企业经营管理者不能只盯着自己的企业,要从同质化的竞争中挣脱出来,抽离出自身的战略空间,形成多个利益相关方合作共赢的共生体,从而创造更大的价值空间。当然,共生体并不是静态终局,它也会演进、消亡、再生,这和企业自身的发展阶段类似,也需要不断重构、创新。

《高质量经营》和一般的企业管理书籍不同,它很有特色,主要体现在:第一,作者是财务出身,后面又经历了多家企业,并常年担任最高经营管理层职务,对于业务和财务的深度打通有极强的理论素养和经验手感;第二,作者是一位极度喜欢深度思考的企业家,对于很多经营管理现象善于剖析和深刻归因,并对问题提炼出根本解决方案，因此书中经常出现很多透彻的原创性思考，这是很宝贵的理论创新和一手实践创新；第三，由于作者长期游弋于理论与实践、分析实际问题和解决根本问题之间，因此书中很多表述就有了力度和寸劲，力透纸背、入木三分，读者在阅读中每每能感受到作者的深厚功力，令人酣畅痛快。杨东文先生用他二十几年的企业人生和真诚、有力的笔触，践行了知行合一的企业经营价值观。

综上所述，我非常乐意向大家推荐杨东文先生的这本新著，在我看来，这应该是企业一把手必备的一本经营手册，体系完整、细节丰富、思想深刻、力道浑厚。感谢杨东文先生与我们真诚分享他多年的企业人生，这种分享极为珍贵、稀缺，相信读者一定可以从中获益良多。

魏炜
北京大学汇丰商学院管理学教授

FOREWORD ▶ 推荐序二

企业管理作为一门"通"学

著名物理学家杨振宁在一次访谈的时候说,诗歌和物理都是对"美"和"凝练"的追求:"如果你能将许多复杂的现象简化概括为一些方程式的话,那的确是一种美。诗歌是什么?诗歌是一种高度浓缩的思想,是思想的精粹,寥寥数行就道出了自己内心的声音,袒露出自己的思想。科学研究的成果,也是一首很美丽的诗歌。我们所探求的方程式就是大自然的诗歌。"

能在诗歌中看到美感的,十有一人;能在物理中看到美感的,百有一人;能同时看到诗歌和物理的美感,感受到内在的共通之处的,估计一万人、一百万人里也找不到一个。学问的最高境界,也许就是这种打通的能力,这种"通"的感觉。

做企业为什么难,难就难在这种"通"的感觉上。企业管理的

"通"，是理性与感性之通，是科学与艺术之通，更是理论与实践之通。单有一面，很容易，难的是两面都有，而且能够在二者之间找到曲径通幽的共同点和纵横捭阖的平衡点。这也解释了企业管理界很多令人百思不得其解的现象。

例如，为什么很多国际大企业的高层空降到私营企业，生存率这么低，因为国际大企业是典型的低情境（Low Context）文化，游戏规则是在明面上的；而本土私营企业是典型的高情境（High Context）文化，有很多只可意会、不可言传的东西，从低情境文化到高情境文化，需要的人际敏感度、情商和社交智慧，一般人是很难想象的（理性与感性没有打通）。

为什么很多优秀的艺术家、科学家做企业特别难成功，因为他们有一面特别强，另一面却特别弱。艺术家、文人有想象力，冲动，却往往容易忽视逻辑和数学；科学家在自己的学科上一丝不苟，却容易忽视人和组织的复杂性，犯下各种最基本、最昂贵的错误（科学与艺术没有打通）。

为什么很多名校的高才生（包括 MBA 毕业生），不容易创业成功，甚至不容易成为一个优秀的管理者，因为思想是兔子，行动是乌龟，兔子的聪颖和灵敏无法代替乌龟的决心和耐心。正如克劳塞维茨所言，实际战争与作战计划最大的区别是，实际战争的每一步都面临着现实中巨大的摩擦力，没有应对这些摩擦力的能力和手段，一切都是空谈（理论与实践没有打通）。

一位优秀的歌唱家出现在你面前，高歌一曲，声震云霄；一位优秀的数学家出现在你面前，给他一个数学难题，他神鬼莫测地在几秒钟内报出正确答案。艺术家和科学家的才华横溢，非常明显，藏都藏不住。所以，人们很容易欣赏这种才华，珍惜有这种才华的人。但是，一个企业管理高手，出现在你面前时，却往往容易被忽视：他也许并没有自带光环、魅力非凡；他也许并不是特别能说会道，无法侃侃而谈、脱口成章；他也未必目光如炬、能掐会算、料事如神，在大多数情况下，他看起来就是一个非常普通、非常平凡的人。

这种看起来非常普通的人，却携带着人类社会、文明社会最宝贵的东西——财富创造的密码，这个密码，简而言之一个字——通。例如，他们理解系统和逻辑，在各种复杂的因果关系中，能够迅速抓住重点；他们理解人性，包括人性难以启齿的种种阴暗面，什么时候要防患于未然，什么时候要亡羊补牢，不卑不亢、不悲不喜；他们理解时机、节奏、火候，说话、做事、表态都不慌不忙、不早不晚、恰到好处。

有意思的是，拥有这种能力的人觉得这种能力非常自然，难道不是本来就应该这样的吗？他们反倒有可能无法理解，别人为什么没有这种能力，为什么我们管理的研究者要这么高地评价这种能力。美人之美，在于美而不自知，美而不自矜，美而不自傲，企业管理的"通人"，大概属于这种美人吧。

东文老师是中国企业管理界难得的"通人"。他本科毕业于中南财经政法大学，学的是会计专业，对数字很敏感；硕士毕业于南开大学社会系，对人也很敏感。他在海南大学任教多年，担任会计系主任，后来担任会计师事务所所长，有很深的理论功底；1998年加入创维公司，掌舵创维公司多年，中间还经历了一段特殊的风波，积累了丰富的实践经验。文理兼通、知行合一，为人低调谦和、温文尔雅，听他讲企业管理，讲企业的高质量经营，深入浅出、信手拈来，是一种精神上的享受。

东文老师对经营与管理的区分在逻辑上非常清晰，可以自圆其说，但我个人其实更倾向于认为，**经营与管理其实是一体两面，就像一个硬币的两面**：经营偏客户视角，管理偏员工视角，有很多你中有我、我中有你的地方，是一种相辅相成的关系，管理有为经营服务的一面，经营也有为管理服务的一面。

例如：华为的经营能力在业界无出其右，但任正非再三强调，华为最宝贵的是他们的那套管理系统；德鲁克讲管理，把工作有成效和员工有成长并列，其实也是把经营和管理等量视之；西方大学研究企业的学院，有的叫 Business School（商学院，偏经营），有的叫 Management School（管理学院，偏管理），大家基本上也是把它们当同义词来看的。

东文老师和我一样，是江西人，"阳明一生精神，尽在江右（江西）"，我们在研究企业管理的过程中，受到阳明心学很大的启发。心学的知行合一，本意是强调道德自觉和道德践行的重要性，目的是人的成长和人的完善，其立意之高，关怀之切，自然毋庸置疑，如果东文老师愿意把管理的范畴稍稍拓宽些，把这些形而上的内容包含进去，经营与管理相辅相成的关系就顺理成章了。

管理与经营之外，管理与领导、管理与战略、战略与执行，其实都是类似的二分概念，即所谓的二分法（False Dichotomy），都是研究管理的人要努力打通的对象。再往下走一层，个人与集体、分工与协作、信任与控制，市场份额与利润、社会效益与经济效益等企业管理中各种看似矛盾但又对立统一的两个方面，即所谓的悖论（Paradox），也都要努力打通，这些应该是把企业管理作为一门"通"学来研究的人的最重要的任务吧。

肖知兴

领教工坊学术委员会主席、致极学院创办人

自序 ◀ PREFACE

　　2017年4月,我离开了工作奋斗近20年的创维集团。离开之后想散散心,便和朋友一起到澳大利亚的墨尔本享受了一段难得的清闲时光。在墨尔本优美的自然环境里,跑跑步、逛逛街、旅旅游、钓钓鱼,跟朋友一起喝喝酒、聊聊人生,当时我觉得这就是人生最美好的享受了。然而,因为从小便习惯了操劳忙碌的生活节奏,加之受求学及工作经历的影响,在墨尔本待了一段时间后,我突然之间感觉到空虚和无聊,心里也很不踏实,恰好印证了那句"好山好水好寂寞"。我在想,我才50岁出头,难道后半生就要这样度过吗?这是我想要的新生活吗?想得越多,心里越慌。最后,我毅然回到了车水马龙、朝气蓬勃、奋斗不止的深圳。看着满大街脚步匆忙、奔涌向前的青年人潮,置身其中,心中的奋斗激情油然而生。

　　机缘巧合,我在好友——惠友资本创始人杨龙忠先生的推荐下加盟了维科技术股份有限公司（以下简称维科技术公司），与大股东伙伴——维科集团董事长何承命先生一起，开启了我的新事业，进入了蓬勃发展又充满挑战的锂电池产业。进入这个产业之后我才深深体会到，任何企业都会面临众多的困难和挑战。

一转眼 5 年过去了，在新事业的奋斗历程中，有痛苦，有不解，有一个接一个的难题，也有来自历史的一些欠账和包袱，比如设备投资不足，产能规模小，产品缺乏特点和竞争力，管理基础薄弱，还要剥离原来的纺织主业，等等。过程中也有困惑，有迷茫，还曾有过彷徨，然而工作也是充实的，忙忙碌碌中日子过得飞快。面对机遇、战略，面对客户，面对企业内部管理，面对经营质量，我在得到很多教训的同时也收获了很多经验，还有过很多思考和总结。在飞机上或火车上，我挤出时间断断续续地把这些思考、总结写下来，一转眼累积了十多万字的文稿。

2021 年 10 月 11 日，为了推动维科技术公司与 LG 新能源公司的进一步紧密合作，进而推动合资企业——江西维乐电池有限公司顺利发展，我来到了韩国首尔。在那里见到了多年的好友和合作伙伴，了解了合作伙伴的战略规划，以及他们对合资企业的看法。在加深理解的基础上，我取得了合作伙伴的全力支持。新冠肺炎疫情期间，诸事匆匆，当月 15 日我便回到祖国，选择落地海滨城市青岛——按照防疫管控要求，需要在那里隔离 14 天。隔离期间，感觉时间过得既慢又快。我在那样一个小小的房间里散步锻炼、休息思考，试着让自己静下心来——既来之，则安之。在这种心情下，我安心地把前期断断续续累积的文稿重新梳理，并整理成册，便有了《高质量经营》这本书。

我想要说明的是，虽然书名中采用的是"经营"二字，但这本书实际探讨的不仅仅是经营，还包含管理的内容。从企业运营的角度来说，经营和管理虽然是两件事，但常常是综合在一起进行的。经营和管理之间是相辅相成的关系，所以探讨经营，必然会涉及管理。其实，经营者往往肩负着管理的责任，而管理者则需要兼顾经营的事务。在企业实践中，对于经营者和管理者，我们往往用"经营管理者"这一统称来指代，在后面的内容中，很多场景既涉及经营也涉及管理，为了方便理解，避免混淆，我会用"经营管理者"来指代同时承担两种角色责任的企业中层和高层人员。

另外我想说的是，这本书是我对企业经营和管理工作的经验、教训的思考与总结，而不是一本探讨理论的书。我从事企业经营和管理工作已 20 多年，在创维集团近 20 年，其间短暂离开在北京创业，2017 年 6 月加盟维科技术公司，至今也已 5 年多。在 20 多年的企业经营和管理过程中，我在不同的岗位上任职过，无论在大学当教师时创办会计师事务所，还是在创维集团以及在北京创业，抑或在现今的维科技术公司，有过成功也有过失败：曾经为正确的决策而自得，为开发的好产品而自豪，也曾经为错误的决策与失误而痛心疾首，为不好的产品受到用户的否定与批评而沮丧自责。

多年的实践与思考，让我不断探寻：企业的真谛到底是什么？企业生存的意义又是什么？社会上有关企业经营和管理的书籍浩如烟海，有理论专著，也有实践总结。不同的作者有不同的看法和总结，这些内容没有对错之分。结合自身的企业经营和管理经历，我真正深刻体悟到：只有选择适合企业自身实际情况的经营和管理理论、工具，才是正确的。

一个企业会经历不同的发展阶段，在不同的发展阶段会遇到不同的关键问题和焦点矛盾。我们要做的不是照搬照抄别人的方法和经验，而应该是面对企业的现实，吸取他们经营和管理的智慧，寻找契合当时情况的问题解决方案和措施，这才是使理论研究与经营和管理实践相结合的正确道路。

这本书是我对多年经营和管理实践及相关思考的总结，但由于阅读理论知识书籍的机会较少，加之采用的是一种随笔式的写法，本书在逻辑上或许不是那么严谨。但不管怎样，终于成书了，真心希望本书对读者有所裨益。

多年来，我一直是王阳明的忠实粉丝，心学对我的影响很大。大概在2000年，我从创维集团财务总监职位调任营销总经理，当时面临着极大的困难和诸多问题，有很多困惑，无意中看到王阳明的介绍，了解到心学，此后多年便一直追寻心学的理论和实践，反复研习有关心学的文章、传记以及记载王阳明主要思想的著作《传习录》。对于王阳明的心即理、万物一体、知行合一，以及致良知、事上练、四句教等，我不断地一一体验、学习和思考。我觉得王阳明的最伟大之处是提出了"知行合一"。人生如此，做企业亦如此。理学家朱熹把"知"和"行"分开来进行理解，"知"是对万物万事规律的理解和探寻，"行"是行动和实践，所谓先知后行，才会出现知易行难。王阳明把"知"理解为良知，是人类个体自带的本性自觉，是人与生俱来的直觉的道德力和智慧力。王阳明认为"知"和"行"是合一的，有知无行不叫真知。致良知，就是行良知，有行自然就有知。

不管怎么说，以我从事企业经营和管理实践的深刻体会，要做到"知行合一"非常难。对于企业的经营和管理，无论是理论方法、战略、措施，还是管理工具，很多人都可以讲得头头是道。但是，为什么在企业的经营和管理实践中，很多东西却得不到真正的运用和贯彻执行呢？或者说，为什么执行起来就会走歪，最终的结果往往不是我们想要的呢？我思来想去得出了以下结论："知"和"行"是企业经营和管理活动必须关注的两个重要环节，而且只有真正做到"致良知"，才能实现"知行合一"。

最后我想说的是，这本书中所讲的一些经验或总结，仅供读者参考。如果读者能够从"知"和"行"这两个方面去认真思考，做到"知行合一"，相信对企业的发展、经营和管理将更有裨益。

是为序。

杨东文
2022 年 7 月 25 日

CONTENTS ▶ 目录

推荐序一
推荐序二
自序

第一部分 你认为的经营，大多数都是管理

第 1 章 重新定义经营与管理   2

1.1 经营与管理的概念   2
1.2 先有经营，后有管理   6
1.3 延长企业生命周期的是经营   17

第 2 章 从财务的视角看高质量经营   24

2.1 高质量经营的本质：盈利   24
2.2 给企业做"体检"，判断经营质量   41

第二部分 高质量经营的前提、逻辑和组织

第 3 章 高质量经营的前提：看趋势，想清楚，坚持干 66

3.1 看趋势：从未来看今天哪件事情不做最后悔 66
3.2 想清楚：做好三年战略规划 78
3.3 坚持干：找到路径和方法，干就完了 90

第 4 章 高质量经营的逻辑 98

4.1 利润表的深入分析 98
4.2 经营逻辑 103
4.3 商业模式与经营逻辑 109

第 5 章 高质量经营的组织 115

5.1 为经营而组织 115
5.2 人和组织 126
5.3 人和组织的管理 129
5.4 通过人的提升来强化组织 135

第三部分 高质量经营的三大维度

第 6 章 产品经营：高质量经营的基础 146

6.1 产品经营的主要内容 146
6.2 产品经营的基础：产品 148
6.3 产品经营的中心：客户 162

第 7 章　资产经营：提高资产周转速度，
　　　　　进而提高资产效率　　　　　　　　　　170

7.1　从产品经营到资产经营　　　　　　　　　　170
7.2　资产经营的本质：让有限的资产更快地周转　175
7.3　期间费用的预算编制和管控　　　　　　　　186
7.4　股权资产经营　　　　　　　　　　　　　　195

第 8 章　产业经营：围绕产业链上下游经营　　　203

8.1　从资产经营到产业经营　　　　　　　　　　203
8.2　产业经营从塑造利益共同体开始　　　　　　216
8.3　产业经营要善于利用技巧　　　　　　　　　225

后记　　　　　　　　　　　　　　　　　　　　239

01

PART 1

第一部分

你认为的经营,大多数都是管理

———

第 1 章

重新定义经营与管理

在企业理论研究与企业经营和管理实践中，大多数人都忽视了或没有认真思考经营和管理的关系，有人认为经营和管理是一回事，有人认为管理中包含了经营，或者经营中包含了管理。但实际上，经营和管理是两个不同的概念，本质上也有着很大的区别。

1.1　经营与管理的概念

但凡谈到企业，经营和管理始终都是绕不开的两个话题，人们也常常把经营和管理放到一起进行描述、分析和研究。但依我在企业经营和管理实践中的体会，这两者虽然紧密相关，但并不等同。所以，我们有必要打破传统认知，将经营和管理拆解开来，分别进行理解、分析和研究。

1.1.1 经营的定义与特点

经营，特指企业与外部的交易（买卖）行为。从字面上看包含两层含义：经，就是经计；营，则是营谋。从宏观角度来说，经营就是怎么测量并把握变化莫测的市场，怎么设计企业的盈利模式和发展战略，怎么实现产品（包含服务）的交付、销售和回款等，以提高企业资产效益的行为。

从微观角度分析，经营是指通过确定企业定位、市场方向、业务范围、商业模式、发展战略等要素，协调企业内外资源，提高企业资产效益的行为。

无论从何种角度进行分析，经营的功能都只有一个，那就是提高企业的资产效益。而所谓资产效益，是指资产产生的收益。

> 对于一个餐馆来说，餐桌就是门店的资产，而每张餐桌贡献的利润，或者说每份餐厅资产带来的收益，就是其效益。通常情况下，企业的经营水平越高，企业资产创造价值的能力就越强，给企业带来的收益也越高。也就是说，餐厅的经营水平越高，每张餐桌产生的收入、利润越高，最终的收益也越高。

但是在现实当中，不少企业的经营总是不得其法，结果也不尽如人意。很多人认为这是因为经营方案设计得不合理，于是不断学习新的经营知识和方法，持续强化自己的经营模式，但又常常陷入内部思维的桎梏走不出来。在我看来，这种问题的根源在于企业对经营这件事情的认知存在偏差。

所谓经营，主要有三种特点：

- 第一，经营主外，强调环境、市场、定位、战略、商业模式等，关心如何与企业外部客户（用户）建立交易关系、利益关系，追求从企业外部获取资源、建立影响。
- 第二，经营是相对进攻性的，强调积极、主动、大胆，策划争夺市场，强调竞争导向。
- 第三，经营是追求资产效益的，强调服务客户（用户），抓住市场机会，强调决策要快、胆子要大。对于企业来说，获取市场、客户的能力，就是获取资产收益的能力。

只有具备这三种特点的企业，才能称得上具备了完整的经营认知。企业在设计经营方案或者提高经营水平的过程中，首先要强化自身对于经营的认知。

1.1.2　管理的定义与特点

管理，特指企业内部的组织行为。从字面上看，管，就是管人，理，就是理事。管、理合在一起，就是怎么把人管好，怎么把事理顺。具体来说，管理是指通过组织、计划、指挥、授权、控制、流程、预算、考核等来建立企业内部秩序，以提高企业资产效率的行为。

相应地，管理也有三种特点，只不过刚好与经营相反：

- 第一，管理主内，强调整合内部资源和建立秩序，厘清流程、组织、授权、责任，追求高效率，强调控制成本、控制费用。
- 第二，管理是收敛性的，强调事缓则圆、谨慎稳妥，强调评估和控制风险。
- 第三，管理是追求资产效率的，强调资产的周转速度，控制无效资产。对于企业来说，提高资产效率的能力，就是使资产收益增值的能力。

经营的作用是提高企业资产的效益，而管理的功能则是提高企业资产的效率。简单来说，经营是提高企业资产创造价值的能力，而管理则是让价值创造这件事情变得更加高效（见图1-1）。

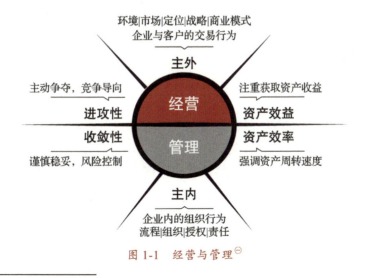

图1-1 经营与管理⊖

⊖ 本书插图由华十二绘制。

还是以餐馆为例，经营着重提高每张餐桌的单位利润，即效益。餐桌的效益越高，餐桌创造的收益就越高。而管理着重提高每张餐桌的翻台次数，即效率。翻台的次数越多，餐桌创造价值的效率就越高，创造的收益自然也就越高。

效益和效率的主要区别在于，前者讲的是单位资产产生的价值，后者讲的单位资产的周转速度，最终也落在资产的价值上。这是事物（资产）的两个方面，企业经济活动的经营质量既取决于资产效益，也取决于资产效率。就好像一个餐厅的经营质量既取决于其每张餐桌的单位产出，也取决于其每张餐桌的翻台次数（周转速度）。

经营和管理看似是同一种事物，其实却是一个硬币的正反两面。 虽然在企业经营和管理的实际工作中，二者经常同时出现，但在理解、分析和研究时，我觉得还是把经营和管理拆分开来更容易着手，也更符合逻辑。

1.2　先有经营，后有管理

虽然经营和管理就像是一个硬币的两面，但在实际的企业运营当中，这两者还是有先后次序之分的。

1.2.1　没有经营，谈何管理

明白了经营、管理的定义和特点，就不难理解经营与管理的关系。

第一个关系是，经营在先，管理在后，即先有经营，后有管理。

其实这个道理非常简单，以我个人的家庭会计账为例。1988年9月硕士毕业参加工作后，因为本科学的是会计专业，所以我决定自己做家庭会计账。刚开始的时候兴致勃勃，但没过几个月我就觉得索然无味了，又过了一阵儿就彻底放弃了。导致我最终放弃这件事的关键原因就是当时的收入太少了，每个月只有64元，去除吃、穿、日常用品外，再没有什么其他开支，家庭会计账自然没有发挥价值的空间。

在这里，如果把家庭作为一个经济组织来看，积极工作获得每月的收入就是经营，家庭会计（计账）就是管理。显然，如果没有固定的每月收入，也就不存在家庭会计这个管理工作。所以，经营在管理之前。

换个角度来说，家庭会计这个管理工作做不下去，是因为收入太少。试想一下，每月收入如果不是64元而是64万元，那么管理问题自然就会多起来，不但要记账，还要理财、投资，甚至还有可能出现借贷行为（有人找你借钱）。

也就是说，当经营达到一定规模后，管理问题和管理工作就会出现，并且会随着经营规模的扩大而随之增多。从这个角度来看，经营与管理的关系，依然是先有经营，后有管理。

抛开这种日常化的场景，我们再回到经济理论的维度来探讨经营和管理的关系。首先，就像之前所说的，经营是测量、把握变化莫测的市场，设计企业的盈利模式和发展战略，即为企业的发展，找到一个正确的方向、一条正确的道路；而管理则是通过组织、计划、指挥、控制、流程、预算、考核等来建立企业内部秩序，提高组织、资产的效率。那么，在发展方向未定、发展道路不明确的前提下管理组织、资产，显然没有太大的价值。就算员工士气高涨、积极主动，在无效的方向和道路上，也很难为企业创造有效的价值。

其次，经营关乎生死，管理则是锦上添花。就像我们常说的，企业只有先活下来，才能考虑如何活得更好，经营与管理，二者的轻重缓急，优先次序显然非常明确。

但转换一下思维，当企业找到自己的发展方向和发展路径之后，要想实现持续、高速的发展，就需要管理来提高组织效率，提高资产效率，在正确的道路上，用最合理的方法去创造最大的价值。当然，前提是我们采取的管理，是足以推动或规范业绩增长的好的管理。

经营和管理之间需要相互匹配。如果经营和管理匹配不当，就会导致资产效益下降或资产效率下降。以制造工厂为例，当经营大于管理，与管理严重脱节时，产品质量往往会出问题，订单交付不了，客户投诉不断，开票收款不及时，库存高居不下。企业的产品和服务得不到市场、客户认可，就会丢失市场和客户，最终，企业丢失资产效益。

瑞幸咖啡最早被称为"中国的星巴克"，凭借亲民的价格和即时配送的服务模式，得到了广大消费者的青睐。根据瑞幸咖啡于2021年6月补发的2019年财务报告，截至2019年底，瑞幸咖啡在全国的门店数量已经达到4507家。从一家门店到超过4000家门店，瑞幸咖啡只用了两年多的时间，曾经一度被业界认为是快速崛起的商业典范。但是，2020年4月，瑞幸咖啡因为财务造假的问题突然"爆雷"，被监管部门强制退市。

其实瑞幸咖啡本身的经营模式并没有太大的问题，这一点从其被强制退市之后，虽然发展放缓，却依然可以实现业务增长、门店数量扩张上就可以看出。瑞幸咖啡2021年第3季度财务报告显示，截至2021年9月30日，瑞幸咖啡的门店总量已经达到5671家。之前风波中曾大量关闭的直营店，也从上年同期的3952家增长到4206家。2021年瑞幸咖啡回到发展正轨之后，在客单价提升的基础上，业绩开始有所好转——2021年第3季度净营业收入（以下简称营收）为23.5亿元，同比增长105.6%。

这个事实同样可以说明，瑞幸咖啡在经营层面没有太大的问题。之所以会出现发展中的"爆雷"问题，根本原因在于其在高速发展时期没有做好相应的管理匹配。

反过来看，当管理大于经营，与经营严重脱节时，管理就会变成无水之源，从而导致企业丧失市场机会，丢掉客户订单，最终损害企业的经营质量。

所以，经营管理者必须明白，经营是头等大事。开拓市场、服务客户（用户）、取得销售收入，在所有的工作当中都是排在第一位的。有了市场，有了收入，才能有时间、有余地去思考控制成本、提高效率这些锦上添花的管理事项（见图1-2）。

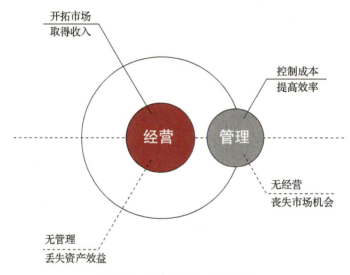

图1-2　先有经营，后有管理

尤其是初创企业，其关键课题是活下来，生存高于一切。在这个阶段，企业更要想方设法立足于市场，销售产品，获取收入和利润，取得现金流平衡。还是那句话，经营是定生死的，必须优先关注；而管理是锦上添花的，也不能缺失。

1.2.2　管理必须服务于经营

经营与管理之间的关系，除了经营在先，管理在后，二者相辅相成以外，其实还隐含着另外一种关系，那就是管理服务于经营。管理的功能或主要价值，就是提高组织和资产的效率。也就是说，在我们确定了经营的方向和路径之后，管理能够让企业在既定的方向和路径上走得更快、更稳。正因为如此，管理需要和经营相匹配，如果把管理看得过重，就会出现管理过度的问题，反而会对经营造成伤害。

但是在企业经济活动的实践中，很多管理者往往会忘记这个逻辑，导致出现企业不大，但人员冗余、部门众多的现象。天天讲管理、讲5S、讲日清月结，却很少关心市场、客户和销售。这样的企业，看似井井有条，但业务增长却常常不见起色。这种没有与经营相匹配的管理，有矫枉过正之嫌，不但不能为企业的发展带来积极的推动作用，反而会伤害经营，制约业绩的增长。

除了"庙小和尚多"的现象以外，在企业实践中，还有很多其他的现象也能充分展示管理不服务于经营所带来的危害。比如，我们常常会看到这样的现象：很多管理者总是坐在办公室里闭门造车，新制度、新流程层出不穷。名义上是为了加强管理、控制风险、堵住漏洞，实际上却阻碍了业务发展，影响了市场开拓。

例如，有些企业的管理干部对销售人员的出差管理特别感兴趣，往往设置过多的控制流程。销售人员出差要经过多环节申请，报销要经过多环节审批，报销贴发票也要很长时间。一套流程下来，销售人员少则十天，多则一个月才能拿到报销款项。这样的管理制度，看似能够有效避免一些不必要的花销，但是它却会在很大程度上打击销售人员的工作积极性，最终影响销售业绩。这是管理过度的典型表现。

有时候，企业管理者能够意识到企业内部的管理存在问题，但是在问题的归因上却常常判断失误。当管理出现问题的时候，经常会把问题根源归结于内部，却很少从外部去观察，也很少去分析经营和管理之间的关系。而为了解决这个问题，企业决策者甚至会耗费大量的资源和资金去外部聘请管理专家或资深高管来帮助企业，进行所谓的管理优化。

想法是好的，但"外来的和尚"一定会念好经吗？一个并不了解企业现状和特性的"空降"管理者，常常会把过去的经验直接移植过来，日清月结、六西格玛也好，流程建设、KPI 考核也罢，这些管理措施若不结合企业的实际情况，不以提升业绩为导向，很多时候未必会奏效。脱离经营，空谈管理，最终的结果只能是打击员工开拓市场和服务客户的积极性，最终影响企业的业绩。

所以，企业管理者一定要牢记，**只有有利于经营，有利于推动业绩增长的管理，才是好的管理**。这是判断管理优劣的基本前提，也是衡量管理好坏的标准。

1.2.3　经营和管理在企业不同发展阶段的体现

企业在不同发展阶段面临的关键课题各不相同。企业初创期主要的课题集中于对外经营，快速验证商业模式；快速成长期的关键课题是加强管理，持续提高运营效率，创造更多收益；而稳定期企业的重心则需要再一次回到经营上来，从外部寻找机会，开拓支撑未来发展的新业务。而且，在企业成功突破稳定期，进入下一个快速成长期之后，同样还要借助管理的力量，扩大规模、提高效率，从而实现新业务的利益最大化。

在企业发展的不同阶段，经营、管理的侧重点不同，经营和管理的关系也会呈现不同的特点，因此需要经营管理者在企业发展的不同阶段妥善处理经营和管理的关系。

1. 初创期的关键课题：如何活下来

对于初创企业来说，从进行产品设想、拟订商业计划，到筹集资金资源，转变为实际的业务，当务之急就是要解决生存问题。所以，在初创阶段，经营是重中之重，**没有正现金流，企业发展就是空谈**。只有快速将产品销售出去，并获得有效回款，企业才能负担得起生存所需的日常支出；否则，当投入不能持续时，企业就只能走向倒闭。

在共享经济方兴未艾的时期，除了"摩拜单车""ofo"等全国性大品牌以外，共享单车行业还有一些小众的地方性品牌，比如"Gobee Bike""小鸣单车"等。

虽然主攻的市场区位不同，但大多数品牌采用的经营模式都大同小异。首先会通过持续的广告投入来提升知名度，然后会利用各种优惠措施吸引消费者使用，最后通过市场教育，让消费者广泛接受这种全新的共享出行方式。

这些经营方式看似合理，实际上却隐藏着非常关键的问题，那就是前期投入巨大、盈利模式不确定、现金收支不平衡。投入资金只能依靠筹资，一旦股权融资或间接融资（银行贷款）没能及时跟上，现金流就会断裂。这时候，前期市场教育投入的成本都会变成沉没成本，而且从另外一个角度来说，即使市场教育已经完成，共享单车业务盈利也有很大的不确定性。因为在大多数消费者的认知当中，共享单车只是一种性价比极高的短途代步工具，定价太高就不会被接受，而定价太低，企业又无法有效盈利。

这个矛盾始终都在制约共享单车企业的发展，很多地方性品牌正是因此而提前退出了市场。如"摩拜单车""ofo"这样的大品牌共享单车企业虽然有资本的支持，但从发展路径上来看，也较难实现现金流的平衡，最后逐渐从市场上消失了。

从目前的市场形势来说，初创企业要想成功活下来，不是一件简单的事情。

首先，新冠疫情的影响还在持续，虽然国内市场相对恢复得较好，但由于全球经济一体化，国际市场的动荡和萎缩，同样会严重影响国内企业的发展。比如，大宗材料的供求关系变动、价格的大幅波动，造成了企业成本的急剧增加，产品失去价格竞争优势；而关键材料的断供，也影响了产品交付，对快速打开市场不利。

其次，科技水平的快速提高，使得初创企业进军市场后，要面对更多的不确定性。也许在设计创业蓝图的时候，企业的商业模式和产品水平还处在市场前端，但真正进入实践阶段之后，一旦出现跨越式或革命性的科技进步，企业的技术、产品优势会瞬间荡然无存。比如，在通信设备领域，5G 技术推出之后，很多智能手机厂商基于 4G 技术基础设计出来的产品便很快失去了竞争力。

总之，对处于初创期的企业来说，生存是首要目标，这一阶段的工作重点是经营，面向市场，通过销售获取充足的收益。

2. 快速成长期的关键课题：如何持续、稳定、高质量地增长

成功度过初创期，并在市场上占据一席之地之后，企业往往会步入快速成长期，销售收入和业绩都会得到有效提升。但同时，企业在发展中会出现很多问题。比如，由于市场规模的扩大，会出现产品交付问题、产品质量问题、产能不足问题，以及内部流程问题、组织效率问题、团队协同问题等，所以这一阶段的企业运营自然就要侧重管理了。

当然，从另外一个层面来说，时代在发展，科技在进步，消费者的需求也会不断升级。换句话说，企业主营的产品，通常只能在一定的时间内对消费者产生吸引力或暂时在市场上处于领先地位，但随着时间的推移，就会逐渐被新的潮流产品所取代。可见，在此阶段企业依然不能忽视经营，需要在解决管理问题的同时，持续关注市场需求变化，专注产品创新，做好销售。同时还要未雨绸缪，思考未来，思

考战略，平衡未来投入和现阶段发展的关系，只有这样才能保证企业持续、稳定、高质量地增长。

3. 稳定期的关键课题：如何突破发展瓶颈，实现再次增长

经过快速成长期后，企业的发展速度会慢慢降下来，进入稳定期，且不久就会碰到增长的天花板。这一阶段企业发展的关键是突破发展瓶颈，所以运营工作的重心应该再次回到市场、产品、战略、商业模式等经营课题上来。

> 苏宁易购就是典型的案例。在家电高速发展时期，苏宁易购凭借连锁模式，实现了快速发展，成为线下实体家电销售的领头羊。但随着家电市场逐渐成熟，红利逐渐消失，高速增长不再，实体门店的成本也在不断上涨，更让苏宁头疼的是，一个强大的对手——京东商城开始登场，并迅速瓜分了原有的市场。
>
> 苏宁易购很快意识到必须进行商业变革，但遗憾的是，虽然进行了许多试验，但企业的核心管理层未在主营业务、商业模式变革、市场抢夺上集中资源，而是实施了跨产业的多元发展，进入金融、百货、地产、手机、体育、内容等领域，结果直接导致资源分散、主业滑落等，最终现金流出现问题，企业陷入债务危机。

可见，在稳定期，企业千万不能大意，要更有危机意识。要在突破发展瓶颈、实现再次增长这个关键课题上下大力气，投入资源积

极研究市场需求、产品创新、转型策略,以及商业模式重构等经营课题。

从企业的三个主要发展阶段看,企业在不同阶段面临的挑战和关键课题不同(见图1-3),经营和管理的侧重点存在差异,二者的关系也以不同的形式呈现。

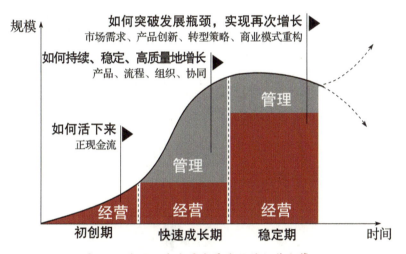

图1-3 企业三个主要发展阶段的经营和管理

1.3 延长企业生命周期的是经营

在很多企业管理者的认知当中,通过管理来解决发展当中遇到的问题是天经地义的选择,是自己作为管理者的天职和使命。但实际上,很多问题并不是仅靠管理就可以解决的,而且很多时候,过度的管理反而会加剧组织的混乱,最终成为加速企业死亡的重要因素。

1.3.1 死亡是企业的宿命

美国著名管理学家伊查克·爱迪思在自己的"企业生命周期"理论中提出：企业的发展就如同生命的成长，人会从胚胎演变成具体的个体，一步步长大成人，然后逐渐衰老、死亡；企业同样也会从一个简单的创业构想，转化为实体，然后一步步成长起来，最后慢慢没落，走向死亡的终局。

爱迪思把企业的生命周期分成了两个阶段，即成长阶段和老化阶段。具体又细分为十个时期，分别是孕育期、婴儿期、学步期、青春期、盛年期（包括盛年前期和盛年后期）、稳定期、贵族期、官僚化早期、官僚期、死亡期（见图1-4）。在他看来，企业的发展脱离不了这个规律，即便有的企业可以通过各种各样的方式延长自己的生命周期，但最终还是会走向死亡。

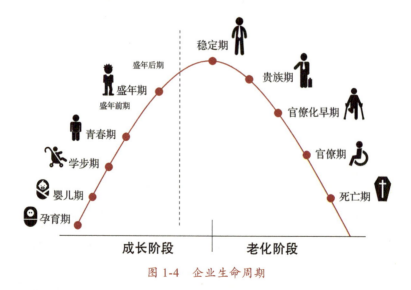

图1-4 企业生命周期

很多人或许会认为爱迪思的结论过于武断甚至残忍，但我想说的是，了解了"企业生命周期"背后的逻辑之后，便会知道，爱迪思不过是揭示了企业的宿命。从商业发展的历史长河来看，国内也好，国外也罢，几乎很少有企业能够跨越多个不同的商业时代长久地存活下来。即便是那些在某个时代曾经创造了辉煌的行业头部企业，在市场的跨越式发展中，也多半会逐渐停滞，直至最终被淘汰出局。

很多人把企业从辉煌走向死亡的必然，归结于不可预测的"黑天鹅事件"。比如2020年的新冠肺炎疫情，让数以万计的企业遭受了致命的打击，其中不乏一些在各自领域内的行业翘楚。但实际上，企业逐渐走向衰落，乃至死亡，最根本的原因是商业时代和市场环境的非连续性发展，更准确地说，是这些跨越式发展带来的商业逻辑的革命性变化。

也就是说，企业基于某种商业逻辑而建立，可以因为符合当时的市场环境而崛起，也会因为不再适配新的时代潮流而没落。在这个过程当中，"黑天鹅事件"只扮演了一个推波助澜的角色。真正导致企业的发展陷入困境的，是截然不同的两种商业时代之间的鸿沟。

以今日头条为例，在新用户注册阶段，平台就会使用机器学习、数据挖掘等高新科技进行调查，让用户选择自己感兴趣的内容。在此基础上，平台还会记录用户浏览内容的痕迹，通过大量的数据采集和分析，确定用户相对偏好的内容类型。除此之外，后台系统还会根据用户的偏好进行延伸分析，并在推荐内容的时候，尝试将一些用户可能喜欢的内容加入其中。这一系列做法，不仅提高了用户对平台的观感，还加强了用户黏性，成功实现了用户留存。

随着越来越多像今日头条一样的内容平台的出现，用户也逐渐建立起全新的内容获取习惯，而这种跨越式的行业发展，对于过去传统的门户网站来说无疑是沉重的打击。因为已经习惯了一种更加便利的内容获取方式，用户对于传统门户网站的依赖自然会相对减少。所以，在这场资讯行业的跨越式发展中，很多传统的门户网站都遭遇了发展困境，有的甚至退出了市场。

类似内容、资讯行业这种跨越式发展的情况，在现实的市场当中还有很多。比如传统胶卷照相时代向数码照相时代过渡、传统燃油动力汽车向新能源汽车过渡，再比如 PC 互联网时代向移动互联网时代演变、4G 时代向 5G 时代演变等。这些跨越式的发展，不是偶然发生的事件，而是市场发展的必然趋势。

1.3.2 管理越复杂，组织可能越低效

随着业务的逐渐发展，团队规模的不断扩大，企业要面临的问题也会越来越多样化。为了解决问题，很多企业会习惯性地持续出台更多有针对性的管理制度或指令，而这样一来，企业的管理系统也会逐渐复杂化。随着管理复杂化，企业内部必然会出现组织无序发展的问题，比如工作效率低下、人浮于事、组织架构僵化、官僚主义盛行等。总之，**复杂在某种程度上就意味着烦琐与低效。**

不仅如此，企业在发展过程中所面对的很多问题，有时并不像表面展示出来的那么简单。比如，销售部门的业绩持续走低，或许并不是销售人员的能力问题，而是因为企业自身设计的营销方案没有发挥预期的作用。面对这种类型问题的时候，通过内部管理去提升销售人员的工作积极性，去规范销售人员的销售动作，虽然能够在一定程度上提高成交的可能性，但并不能从根本上解决问题。

当然，无论管理系统的复杂化，还是问题处理的表面化，这些矛盾在企业业绩持续增长的时候往往会被暂时亮眼的财务数据所掩盖。虽然矛盾可以被掩盖，但在我们没有注意到的地方，这些矛盾就会持续堆积下来。当堆积到一个临界点时，这些矛盾会瞬间爆发，导致企业发展陷入停滞。很多时候，长时间堆积起来的矛盾和问题，会在短时间内一举摧毁整个企业。

想要解决这种矛盾，最好的办法就是从企业外部入手，从经营入手，通过引入新鲜元素，去变革内部流程、机制，提升组织活性，只有这样才能延长企业的生命周期。

1.3.3　经营创新打造"第二曲线"

一般情况下，当组织增长乏力时，或者在开发新业务的时候，企业都会对组织进行调整。所以，找到一条新的业务线来丰富自己的业务系统，可以在一定程度上起到整治组织乱象的作用，促使组织内部变革，重新焕发活力。这条新的业务线，在商业领域通常叫"第二曲线"（见图1-5）。

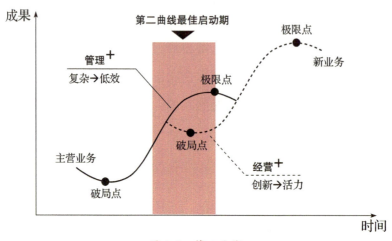

图 1-5 第二曲线

所谓"第二曲线",顾名思义就是企业在主营业务之外,找到的另外一条未来有潜力的发展路径。"第二曲线"可以和企业的主营业务有关,也可以无关,衡量"第二曲线"成败的关键就在于其能否成为企业新的经济增长点,支撑企业未来持续的发展。一般来说,绝大多数企业会选择主营业务的相关领域作为第二曲线的源头,毕竟在自己比较了解的领域,操作起来更得心应手。

将"第二曲线"引入企业,不仅能够为企业创造组织变革、业务升级的契机,也可以在一定程度上消除管理混乱带来的不利影响。同时,还能从根本上改变企业的商业基因,促使企业在面对非连续发展的鸿沟时,实现成功跨越。总而言之,不管是面对持续跨越式发展的市场环境,还是面对企业内部积累的管理混乱问题,只有从企业外部寻找商机,通过经营的创新与变革找到"第二曲线",才能更有效地解决问题。

作为中国电商领域当之无愧的巨头，发展至今，阿里巴巴已经成了一个"庞然大物"。与此同时，复杂的业务系统、庞大的组织体量，自然也给阿里巴巴的管理带来了巨大的挑战。虽然管理上的挑战非常严峻，但好在阿里巴巴并不是依靠管理而是靠经营创新来带动发展的。发展至今，除了最初的电商业务之外，阿里巴巴接连不断地开发出了很多全新的业务线，比如之前的支付宝、阿里云，现在的钉钉、平头哥等。通过业务、经营的不断扩张，阿里巴巴保证自己在每个不同的发展阶段，都能在全新的经济增长点的赋能下继续向前发展。经营上的不断创新、不断提升，强化了员工信心，同时也减轻了管理的压力。

要注意的是，在具体寻找和构建"第二曲线"时，企业要注意时机的把握：一定要在主营业务走到巅峰（即极限点）之前，找到第二曲线的切入点，即破局点。否则，一旦主营业务的营收开始下滑，企业就只能不断在原来的基础上查漏补缺，既没有资源，也没有精力去开拓新的业务线。

第 2 章

从财务的视角看高质量经营

关于经营质量的好坏或高低,有很多衡量标准:有将产品是否得到用户肯定当作衡量标准的,有将是否能够高速扩张市场规模当作衡量标准的,也有将是否盈利当作衡量标准的。要客观且简单、方便地比较企业的经营质量,从其经营结果出发,用财务的视角,对数据进行分析更为科学。

2.1 高质量经营的本质:盈利

在讲解经营与管理之间的关系时,我们曾经提到,管理有好坏之分,只有能推动或规范业绩增长的管理,才是好的管理。其实,经营亦然。

把同样的资产交给具备不同能力的经营管理者，其经营结果自然会有所不同，有的盈利好，有的盈利差。也正因为如此，每家企业对有能力的经营管理团队、高水平的"经营高手"向来是梦寐以求的。

稻盛和夫就是这样的"经营高手"，他被尊称为日本经营之神，早年创立的京都陶瓷株式会社（现京瓷株式会社），以独自开发的精密技术为基础，最终发展成为日本精密陶瓷元件制造行业的龙头老大。

1984年，稻盛和夫与他人合资创办"第二电电企划株式会社"（如今日本知名电信服务商KDDI的前身），在他的经营和管理下，KDDI现在已经成为日本三大电信商之一。

2010年，日本航空株式会社面临严重的经营危机，在政府的极力邀请之下，78岁高龄的稻盛和夫出山担任董事长。经过认真调研和深度思考后，稻盛和夫实施了一系列的"重建计划"，帮助日本航空在宣告破产重建的第二年实现了扭亏为盈。

在企业实践中，寻找或培养高水平的"经营高手"是影响企业存亡和发展的关键课题，也是企业投资者、创始人最为关注的课题。但这样的"经营高手"是由先天的素养加上后天的实践经验所造就的，可遇而不可求。

从企业整体发展的角度来考量，虽然"经营高手"是影响企业经营质量的一个关键要素，但并不是唯一要素。资产、技术、产品，以及组织、体系、流程、战略等同样影响着企业最终的经营质量。

说到这里，就提出了企业经营的两个问题：一是企业该如何判断自己经营质量的高低？二是除"经营高手"这个关键要素外，在众多影响企业经营质量的要素中，影响企业经营质量的其他重要因素是什么？对于这两个问题，在之后的内容中，我们会逐一回答。

2.1.1 盈利是高质量经营的核心标准

什么样的经营属于高质量经营？这个问题我也问过不少企业家，得到的答案五花八门：有从企业体系角度出发的，认为完善的经营系统、合理的经营流程，加上高效的管理制度，就是高质量经营；有从企业经营策略角度出发的，认为产品符合市场潮流、能够满足客户需求就是高质量经营；也有从经营结果角度出发的，认为只要盈利或者盈利多就是高质量经营。

诚然，高质量经营需要完善的经营系统、合理的经营流程、高效的管理制度，产品符合市场潮流、能够满足客户需求等特性或标准。但这些"标准"一方面很难量化，另一方面也相对主观，且局限于企业内部，容易将我们对经营质量的判断引向错误的方向。

相对而言，我们更应从投资者的角度来观察企业的经营质量——在企业的经营结果这个层面，依据事实、数据，用会计、财务的方法对经营质量进行反映、分析和判断。不论企业的经营策略、经营系统、管理制度有多好，也不论企业的技术和产品有多牛，在经过一定的经营周期后，能够决定经营质量的依然是经营业绩。毫无疑问，经营业绩好，经营质量就高；经营业绩不好，经营质量肯定不高。判断经营业绩好坏的常用指标是盈利与亏损，所以**高质量经营的核心标准就是盈利**。只要企业始终保持良好的盈利态势，即便我们不了解其产品、技术、经营策略、经营系统和管理制度，也能断定其当前阶段的经营质量还不错。反之，如果企业的产品好，技术强，经营策略专业性极强，系统完整且流程齐备，却无法实现有效的盈利，那么这种看似合理的经营就不属于高质量经营。

我在企业的经营和管理工作中，经常会参加一些行业活动，和许多企业高管沟通、交流。在交流过程中，不少企业家或者管理者在谈到经营和管理的时候，常常说得口若悬河、天花乱坠，各种流行的、专业的名词层出不穷，但就是不讲企业是否盈利，聊到最后，总是有意无意地绕到投资或者合作这个话题上。仔细听下来，尽管他们的经营模式、战略，以及管理流程、制度很符合时代潮流，但并不一定能实现盈利。

系统完整且流程齐备，同时采取符合时代特征的经营策略的企业，如果依然无法取得有效的收益，那么可见其发展潜力有限。相对而言，那些兢兢业业、看似普通却能够持续盈利的企业，反而更有合作前景或投资价值。

之所以强调盈利是企业高质量经营的核心，是因为我们在企业的实际经营和管理过程中，常常遇到忽视盈利而追求规模或速度，或者为管理而管理，为商业梦想而乱投资、乱作为的各种现象。总而言之，如果企业不能实现盈利，即便商业故事讲得再完美，企业规模做得再大，也无法长期生存与发展，无法向投资者交代。从事经营和管理工作这么多年，我见过不少企业外表光鲜亮丽，实则一地鸡毛。虚假繁荣之下，看似雄心万丈，但实际早已失去了发展的底气。**在不盈利的前提下，空谈企业战略、技术壁垒、营销策略、管理创新，没有任何意义。**

2.1.2 评判企业盈利的标准

通过企业的盈利情况可以评判经营质量，但在实际工作中，企业的经营管理者又该如何判断自己的企业在现阶段是否处于高质量经营的状态呢？谈到这个问题，很多经营管理者或许会心存疑惑：我自己的企业是不是盈利我当然知道，这种简单的事情还需要特别研究吗？

商场如赛场，有人想要超越对手，有人想要探索捷径，却忽略了最终的目的其实是到达终点。 所谓盈利，是指企业在筹资、经营、投资等经济活动中，获得了一定的利润或盈余。赚 1 元是盈利，赚 100 万元也是盈利，但我们都知道两种结果背后的企业经营质量可能有着天壤之别。可见，如果单纯从盈利与否的标准出发，实际上并不能准确判断企业经营质量。

所以，在判断企业是否盈利的同时，还要进一步分析企业的盈利是多是少。**盈利够多，才是高质量经营。**

我常常从以下三个方面对企业经营质量进行简单的评判（见图 2-1）。

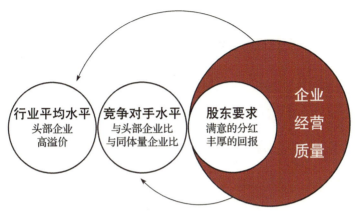

图 2-1　企业经营质量的评判

1. 行业平均水平

评判企业经营质量最直观的标准就是行业平均水平。其评判方式很简单，企业的净利润率高过行业平均水平则说明经营质量相对较高，反之则较低。

很少有企业能从成立开始就一直保持高水平的经营。当然，不排除有少数掌握特别先进技术、产品的企业，有可能会保持一段时期的高利润率；也有一些企业因为挖掘到一个无人进入的市场，而获得暂时的高利润率。但无论是哪种情况，随着竞争者的加入，企业的利润率最终还是会回到行业平均水平。

大多数企业在创业初期，资金和资源相对缺乏，对外经营的能力也有限，利润率往往达不到行业平均水平。这时候多半只能通过外部市场的开拓以及内部管理效率的提升来加速发展，追赶行业的平均水平。当企业的发展进入稳定阶段，资金和资源积累到一定程度，才有能力去进一步追求市场领先地位、做大企业规模、做强供应链、提升品牌形象等，从而赚取行业的超额利润，实现高质量经营。

一般情况下，处于行业头部位置的企业，往往会额外获得品牌溢价和供应链溢价，净利润率通常要比行业平均高。这种现象，在重资产行业表现得尤其明显。

2.竞争对手水平

与竞争对手对比，也是衡量企业经营质量的方法之一。当你的经营结果（盈利）高于同行业其他企业（竞争对手）的时候，你的经营质量自然相对较高。

> 以锂电池行业为例。宁德时代2020年财务报表显示，其全年营收约为503.19亿元，净利润约为55.83亿元，净利润率约为11.10%；亿纬锂能2020年财务报表显示，其全年营收约为81.62亿元，净利润约为16.52亿元，净利润率约为20.24%；国轩高科2020年财务报表显示，其全年营收约为67.27亿元，净利润约为1.47亿元，净利润率约为2.19%。

通过数据的直观对比，在三家企业当中，宁德时代的净利润最高，而亿纬锂能的净利润率最高，二者的经营质量孰高孰低需要更多更细的数据才能判断，但无论是从净利润来看，还是从净利润率来看，国轩高科都远低于前两者，是三者当中经营质量最低的一个。

所有的对比都是相对的。比如，国轩高科和宁德时代、亿纬锂能两家企业相比，经营质量较低，但如果和其他小型或者地方性电池企业相比，国轩高科的经营质量又相对较高。说这些，其实是为了强调，在讲到与竞争对手比较经营质量高低的时候，一般应该与行业的头部企业相比，或者与自己体量相当的对手比，这样的对比才有价值，才能找到提升经营质量的努力目标和动力。

3. 股东要求

不论是从行业平均水平，还是从竞争对手水平出发去衡量企业的经营质量，其实都是站在外部视角去分析。实际上，在企业内部本身就存在一种同样非常直观的评判标准，那就是股东的要求。

对于股东来说，企业盈利越多，自己得到的投资回报也就越高，所以他们对于企业盈利的评判标准往往会高过行业平均水平和竞争对手。从这个角度来说，如果能够提供给股东让他们满意的分红或回报，自然可以说明企业的盈利情况良好，企业的经营质量也比较高。

以上是我们用来评判企业经营质量的三种简单方法，此外，在管理学或财务学的维度，也有很多对企业经营质量进行分析的方法和工具，常用的有投资回报率、净资产回报率、总资产报酬率等。因教科书或工具书上介绍得比较多，在此就不一一赘述了。

判断企业是否盈利，并不仅是为了衡量企业经营质量是高是低，更关键的是为了让经营管理者在分析过程中，全面了解自己的企业当下发

展的具体情况，进而更加准确地制定企业发展战略以及具体的经营和管理方案。

2.1.3　企业盈利的关键

如果我们把企业的经营和管理视作一个系统工程，企业是否盈利、盈利多少就是这套系统工程能否持续运转的晴雨表。只有持续盈利，企业才能获得足够的资金积累去支撑未来发展。

从2020年到2021年，很多企业因受新冠肺炎疫情冲击而遭遇经营困境，有的甚至颓然倒闭。但也有一些企业，在新冠肺炎疫情到来之前就已经陷入经营困境，再加之新冠肺炎疫情的打击，自然成为更快倒下的企业。

作为携程曾经的主要竞争对手，百程旅行网（以下简称百程网）在初期也曾得到众多资本的青睐，甚至在资本的扶持下，只用了6年时间就成功在新三板挂牌上市。表面上看，百程网的发展前途无量，但在快速的发展态势下，实际上却隐藏着巨大的经营风险。

为了在竞争激烈的市场上杀出重围，百程网在创业之初选择了一个相对独特的切入点，那就是低价格的签证服务。百程网想利用这种免费服务作为流量入口，吸引更多的用户，然后再通过后端的旅行服务、酒店服务等项目实现盈利。

想法很美好，但现实却不尽如人意。由于百程网本身的市场认知度和产品厚度都没能达到一流水平，所以虽然实现了引流，但在盈利方面却始终不见起色。而且，为了解决盈利问题，百程网不得不扩大团队规模，去招揽更多的技术人才，寻找更多的合作方。人力成本的加重，又进一步增加了盈利压力。之后，虽然百程网开始提高签证服务的收费标准，但依然是杯水车薪。

据公布的历年财务报表显示，从2013年到2018年，也就是新冠肺炎疫情之前，百程网一直处于亏损状态，即便有资方持续填补资金漏洞，其经营依然难以为继，最终于2020年破产倒闭。

其实，所有的经营管理者也都清楚盈利的重要性，毕竟，所有企业的基本使命都是盈利。盈利既是企业建立的宗旨，又对企业的发展至关重要，所以大多数的经营管理者在工作中思考最多的一个问题，**就是如何盈利**。

关于这个问题，大多数经营管理者首先想到的或许都是一些具体的经营和管理问题，比如产品迭代、技术升级、市场开发、品牌推广，以及组织架构设计、管理流程制定、绩效考核、费用管控等。

但我更想从更直达本质的角度去和大家探讨"如何盈利？"这个问题，在此我们不妨回顾一下第1章所讲的经营和管理的定义——经营是提高企业资产效益的行为，管理是提高企业资产效率的行为。由此可见，从本质上来讲，企业的盈利只能来自企业的资产，即企业盈利的两个关键点是资产效益和资产效率（见图2-2）。从这出发我们才能去倒推企业如何盈利这个问题的答案，寻找企业盈利的关键。

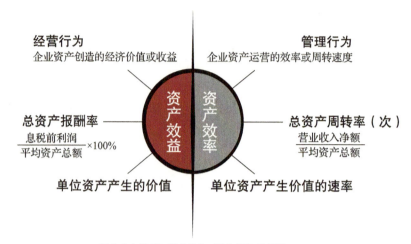

图 2-2　如何盈利

1. 资产效益

所谓资产效益，是指企业资产带来的回报，也就是企业资产创造的经济价值或收益。资产效益高意味着企业资产在企业经营管理者的运营下获得了高单位产出，此时企业的利润自然也会随之增加。通常我们讲资产效益，一是指资产的收益额，即以绝对数表示的资产盈利值，二是指资产的收益率，也叫资产报酬率，即以相对数表示的资产盈利能力。

实践中，人们审视企业资产效益最常用的一个财务指标是总资产报酬率，它专门用于评价企业资产综合利用的效果，衡量企业利用债权人和所有者权益总额所取得盈利的能力或结果。总资产报酬率越高，表明企业总资产产生的效益就越高，资产创造利润的能力就越强，经营质量也越高。其公式如下：

总资产报酬率=（息税前利润/平均资产总额）×100%

假定A公司的平均资产总额为1000万元，年终息税前利润100万元，则其总资产报酬率为10%（100/1000×100%）。若B公司的平均资产总额为100万元，年终息税前利润为20万元，则其总资产报酬率为20%（20/100×100%）。二者对比，B公司的总资产回报率更高。

追求企业盈利最大化，其实就是追求企业总资产报酬率最大化，让有限的企业资产尽可能多地创造价值。

2. 资产效率

所谓资产效率是指企业资产运营的效率或周转速度。简单来讲就是企业单位资产在一个经营周期内的周转次数，周转次数越多说明效率越高。如果说资产效益讲的是单位资产产生的价值，那么资产效率讲的则是单位资产产生价值的速率。在资产效益恒定的情况下，在一个经营周期内，资产效率更高的企业，通常能够获得更多的收益，实现更高质量的经营。

实践中，用来有效反映企业资产运营效率的指标是总资产周转率，其计算公式如下：

总资产周转率（次）= 营业收入净额 / 平均资产总额

其中，营业收入净额是减去销售折扣及折让等后的净额，而平均资产总额是指企业资产总额年初数与年末数的平均值。

假定 A 公司某年营业收入净额为 2000 万，平均资产总额为 1000 万，则 A 公司该年的总资产周转率为 2 次（2000/1000）。若 B 公司当年营业收入净额为 400 万，平均资产总额为 100 万，则 B 公司该年的总资产周转率为 4 次（400/100）。二者相比，B 公司的总资产周转速度更快。

某些单项资产的周转速度，如存货、应收账款等，也会影响企业总资产的周转速度，进而影响企业的盈利能力。所以，企业实践中会对这些单项资产进行针对性管理，尤其会重点关注其周转速度。

3. 资产效益和资产效率的关系

既然资产效益和资产效率的提升，都能带来收益的增长，那么这二者之间又是怎样的关系？为了说明这个问题，我们需要引入净资产收益率的概念。净资产收益率（Return on Equity，简称 ROE），是企业净利润除以净资产得到的百分比，该指标能够直观地反映企业经营所带来的收益水平，用以衡量企业的经营质量。其计算公式如下：

净资产收益率 = 总资产净利率（净利润 / 平均资产总额）× 权益乘数（平均资产总额 / 净资产）

我们把平均资产总额和营业收入净额代入到净资产收益率的公式当中，可以推导出净资产收益率与净利润率、总资产周转率和权益乘数的关系，具体如图 2-3 所示，最终得到公式：

净资产收益率 = 净利润率 × 总资产周转率 × 权益乘数。

在这个公式当中，净利润率是衡量企业资产效益的指标，表示企业每单位收入贡献的单位利润；总资产周转率是衡量企业资产效率的指标，表示企业单位资产创造价值的速率；而权益乘数反映的是企业财务杠杆的大小。

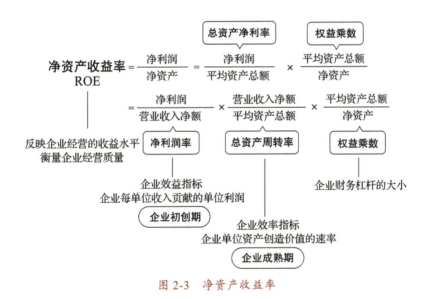

图 2-3　净资产收益率

要让企业盈利，成为高质量经营的企业，就必须提高企业的净资产收益率，而企业净资产收益率取决于净利润率、总资产周转率和权益乘数，提高这三者中的任何一项都可以提高企业净资产收益率。换个说法，**企业盈利的关键是资产效益、资产效率和权益乘数。**

从表面来看，提高净资产收益率最简单的方式，就是提高权益乘数，向银行或其他金融机构多贷款。实践中也有不少企业经营管理者就是这么干的，但要特别强调的是，权益乘数与财务杠杆直接相关。权益乘数 =1/（1- 资产负债率），过度提高权益乘数，会使企业的负债增多，而企业负债率太高则会带来经营风险，甚至导致企业资不抵债，破产倒闭。近年来高负债经营的房地产企业，在宏观调控政策的影响下，就出现现金断流、信用违约等问题，倒闭的案例不少。

若我们暂把权益乘数放一边，从以上财务指标的分析也可以看到企业盈利的两个关键：一是提高资产效益，二是提高资产效率，这才是企业经营管理的真本事。

那么，企业该选择资产效益优先还是资产效率优先呢？这取决于企业面对的实际情况（见图 2-4）。

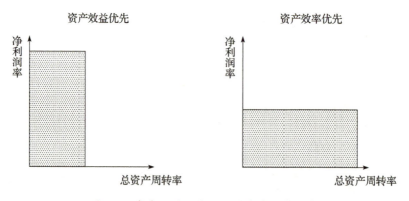

图 2-4 资产效益优先，还是资产效率优先

从图2-4可看到，两个企业的经营结果（阴影面积）相同，但经营策略却不同，前者资产效益优先，后者资产效率优先。在资产效益和资产效率的关系处理上，在企业不同的发展阶段，企业应该依据自己的实际资源、能力情况做出不同的侧重和选择。一般在企业初创期，竞争对手少，产品力强，可以选择追求资产效益、高毛利率优先的策略；进入成熟期，一旦出现竞争对手多，产品差异化小的情况，企业可以选择追求资产效率、经营规模、周转速度优先的策略。当然，最佳策略是效益和效率平衡发展，既有规模又有高毛利率。

> 我之前在从事销售管理工作的时候，经常会看到一些地方经销商的经营数据。在整理总结的过程中，我发现虽然这些经销商同处于一线城市市场，规模相当，产品体系近乎相同，但其盈利千差万别，经营质量有高有低。
>
> 在对这些经销商的财务数据进行系统分析之后，我找到了原因。这些经销商当中的佼佼者，充分利用数字化管理体系和优化销售流程，提高组织、员工、资产效率，从而获得更多的收益。站在财务的角度看，在投入相等的前提下，能够用管理工具（数字化管理和流程优化）提高组织、员工、资产效率，往往能带来更多的收益，产生更好的经营结果。

综合来看，企业盈利的关键——企业的经营质量受资产效益和资产效率两方面的影响。要想提高企业经营质量，一方面可以通过合理的市场定位、策略、营销方法的选择，以及产品、渠道等经营环节的优化，提高企业资产的效益，让现有的资产创造更多价值；另一方面可以通过科学的管理工具，如组织优化、流程优化、授权清晰、IT管控、KPI考核等，提高企业现有资产的周转速度（次数）。

说到这里，我想和大家分享一个鲜为人知但经营水平极高的企业的案例。这个企业的名字叫作牧原，是一家从事生猪养殖、饲料加工、生猪育种、生猪屠宰等业务的食品加工企业，在2014年就已经上市，其创始人秦英林在2021年的《福布斯》富豪榜中，排名高达第44位。这么一家优秀的企业，因为所处行业的特殊性鲜少被外界提及。我也是在一次偶然的机会下，从其他经营管理者的口中听到了相关信息，好奇之下才仔细去检索了这家企业的发展历史。

通过各种渠道的了解，我发现牧原从创业到崛起，走的始终是一条经营与管理并举的综合发展路径。在经营层面，牧原以生猪养殖业务为核心，在做大做强主业的同时，相关性地、选择性地进行经营业务创新，拓展新的业务。从与主业高度协同相关的饲料加工，到提高主业竞争力的高端设备研发与生产，牧原已然形成了一条以主业为核心、多业务相互协同的完整产业链条。

而在管理方面，牧原引入并建立了一套科学的管理流程和制度，并始终坚持"内方外正"的企业文化，要求员工无论在企业之内，还是在企业之外，都要严格按照企业的规章制度办事。比如，牧原规定员工不允许接受任何外包商的好处，哪怕是一瓶水都不可以，否则就会受到相应的处罚。

合理的经营模式，让牧原有限的资源最大限度地发挥了自身的价值；而科学的管理，又有效提升了企业内部组织运转、工作的效率，二者合二为一，为企业带来巨额的收益。牧原披露的 2020 年财务报表数据显示，即便是在新冠肺炎疫情的影响下，其全年营收也达到了 560 亿，同比增长 178.31%。

盈利，听起来简单，似乎只要做好经营和管理这两件事就可以了，但其背后有深刻的逻辑关系。下面我们从财务报表和财务分析的角度来判断企业的经营质量，或许能获得更多的灵感。

2.2 给企业做"体检"，判断经营质量

通过分析企业盈利状况，虽然可以判断出企业经营质量的高低，但这种评判相对比较粗放，得出的结论通常只是一个大致的方向或基本判断。虽然也能对未来发展起到一定的导向作用，但在一些相对细节的地方，这种方向性的指引就很难帮助经营管理者采取具体的策略和精准有效的措施。

实际上，在企业经营的过程中，有很多现成的信息可以用来帮助我们更加准确地判断经营质量，比如，常常用到的三张财务报表。

2.2.1　三张财务报表及其关系

为了具体地描述企业的经济活动，人们发明了各种方法、技术，最常见也是最基本的就是会计核算。一般来说，企业经营的过程和结果都会在财务报表中清晰体现，所以即便不去专门统计和分析，一样可以通过财务报表的复盘去完成企业"体检"。

但是在企业经济活动中，大多数经营管理者对于财务报表缺乏深入的研究。**"那些你曾经认为合理的，在其他人眼中或许连一个有效的命题都算不上。"** 这应该是很多财务人员在工作总结中，想写却没有写出来的一种心理。财务数据作为一种可以直观反映企业经济活动的第一手资料，在很多企业中却沦为了收钱、开票、做报表的简单工种。

一般来说，从过去相对粗放的发展模式中一步步成长起来的经营管理者，大多不愿意去完成一些烦琐而庞杂的数据分析工作。但现实是，企业所生存的时代和市场已经越来越精细化，越来越多的企业已经开始利用财务报表中的数据进行客户分析和市场洞察。

在讲解如何通过三张报表去评判企业的经营质量之前，我们首先需要详细了解一下企业的财务报表都有哪些类型。在这里，我们主要简单分析三种财务报表，分别是资产负债表、利润表、现金流量表（见图2-5）。

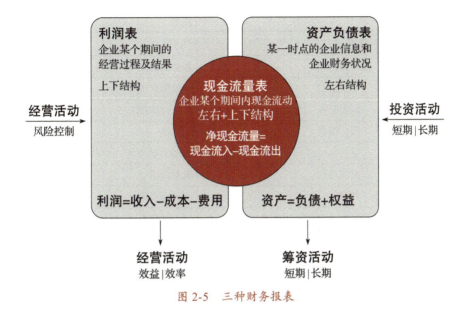

图 2-5 三种财务报表

1. 资产负债表

资产负债表（见表 2-1）按照"**资产 = 负债 + 所有者权益**"的恒等式，采用左右结构分布，左边按类别列明各类资产的状况，右边按类别列明各类负债和所有者权益的状况。

资产负债表主要表达两方面的信息：第一，表明某一时点的企业信息，即某一时点企业经济活动筹资、经营、投资的资金来源和运用状况；第二，表明某一时点（如年末即 12 月 31 日，半年末即 6 月 30 日，以及季末最后一天）企业的财务状况，即反映在这个时点企业有多少资产、负债和所有者权益。通过这种简单的列示，我们可以清晰地看到、分析、总结一家企业的资产、负债和所有者权益情况。

表 2-1　简明资产负债表

资产负债表	资产		负债	
	流动资产		**流动负债**	
		货币资金		短期借款
		应收账款		应付账款
		预付账款		其他
		存货		流动负债合计
		待摊费用	**长期负债**	
		其他		长期借款
		流动资产合计		应付债券
	长期资产			其他
		长期投资		长期负债合计
		固定资产	**所有者权益**	
		长期资产合计		股本
	无形资产			资本公积
		土地使用权		盈余公积
		商标		未分配利润
		无形资产合计		所有者权益合计
	资产合计		**负债和所有者权益合计**	

但是，资产负债表也有缺点，有一些重要资产无法像其他实物资产一样通过简单货币计量的方式列示或反映，比如人力资源。

举例来说，A、B两家企业各有100名员工，其中A企业有20个博士、80个本科生，而B企业100个员工全是中专生。我们很难简单地用货币计量方法来列示、衡量或比较A、B两家企业人力资源的价值高低，而人力资源显然又是企业的重要资产。

正因为如此，像人力资源这种企业特殊资产，始终是会计学、经济学研究的重点。但目前为止仍然没有一种有效的方法可以对其进行准确的计量、比较，无法像其他实物、无形资产一样进行核算和分析，也无法说明当人力资源处在何种状态或标准下时，企业的效益和效率就一定会很高，比如我们不能说上面案例中 A 企业的利润或经营质量就一定比 B 企业好。

除了人力资源以外，还有一些特殊的负债无法在资产负债表上直接反映，比如或有负债。或有负债简单来说就是企业未披露且尚未发生的担保性质的债务。

我们把这些无法直接反映的资产或负债称为表外资产、表外负债。因此，在使用资产负债表对企业的经济活动进行评判时，除了要关注和核查企业的表内资产、负债和所有者权益外，还要重点关注其表外资产和表外负债。

2. 利润表

利润表也称损益表（见表 2-2），是采用上下结构，分别列示企业一定期间的收入、成本、费用的发生额及经营结果的会计报表。

表 2-2　简明利润表

营业收入	
- 营业成本	
- 税金及附加	
- 销售费用	

(续)

营业收入	
− 管理费用	
− 财务费用	
− 资产减值损失	
+ 投资收益	
= 营业利润	
+ 营业外收入	
− 营业外支出	
= 利润总额	
− 企业所得税	
= 净利润	

利润表描述的通常都是企业在某个期间（一般是一个经营周期）内经营活动的过程和结果。比如获得了多少收入，产生了多少成本，发生了多少费用，取得了多少利润，等等。企业的收入越多，成本、费用越低，盈利也就越多，这一点毋庸置疑。

在利润表中我们可以看到不同的利润概念，如表2-2列示的，营业利润是"收入－成本－费用"后的结果，由于这是企业向客户提供产品产生的利润，往往也被称为主营业务利润；利润总额是营业利润加上营业外收入减去营业外支出的结果；而净利润是扣除企业所得税后的利润。

通过利润表及这些利润相关的数据，可以清晰地看到企业在某个时间段内（月、季、半年、年）盈利的过程及是否盈利的结果。

3. 现金流量表

不同于大家比较熟悉的资产负债表和利润表，实践中，现金流量表往往会被经营管理者忽视，但它其实是一张非常重要的财务报表。现金流量表（见表 2-3）是根据**"净现金流量 = 现金流入 - 现金流出"**的公式，采用左右 + 上下结构，分别列示企业在一定期间内的现金流入、流出状况，及现金增加或减少结果的会计报表。

表 2-3 简明现金流量表

	经营	投资		融资	
		对内	对外	债务	股权
现金流入	销售 税收	处置收益	投资收回	借入资金 如：贷款	融入资金 如：增资
现金流出	采购 工资 交税	基建	设备	还本 付息 支付费用	分红 支付费用

企业的经营风险有很多，但最先导致企业无法持续经营的一定是现金流短缺，如果一个企业无法及时发放工资、缴纳水电费，就有可能停业甚至破产。所以，经营管理者，尤其是一把手必须对自己企业的现金流有非常深刻的认知。也只有这样，才能有效预防可能出现的关键（现金）经营风险。因此，可以见得，作为描述企业在某一时间段（一般是一个经营周期）内现金流动情况的主要工具，现金流量表对于企业经营的重要性有多大。

在企业实践中，很多经营管理者之所以常常忽视现金流量表，很大程度上是因为对净利润与净现金流缺乏深刻的理解。有的以为净利润就是或等于净现金流，有的认为净现金流大于或小于净利润。但实际上净利润与净现金流是两个本质上完全不同的概念：净利润是企业一定经营期间的经营结果，而净现金流是企业一定经营期间的现金流入、流出状况，两者并不一一对应，也很难刚好相等。

很多经常被延期付款的企业，比如B2B企业，由于应收账款多，往往净利润比净现金流大，甚至还存在一种极端的特殊现象，即"黑字破产"。所谓黑字破产，是指企业在一定经营期间是盈利的，有利润（亏损是红字），但由于没有收到回款（现金），导致企业因为现金入不敷出而最终破产。不了解净利润和净现金流的经营管理者，往往更容易掉进这种经营陷阱当中，而这也从侧面说明了企业现金流量表的重要性。

在企业实践中，我们也往往会谈到一种特别的经营方式，即"现金流经营"。所谓现金流经营，简单来说就是只考虑收入覆盖"变动成本＋期间费用"的经营方法，特殊存在于重资产企业的经营过程中。而对一些长期亏损的轻资产企业依靠不断融资维持运营的经营方式，一般我们叫融资存活，而不称之为现金流经营。

为什么现金流经营只存在于重资产企业当中呢？因为重资产企业的固定资产比重较大，比如电视机行业的面板企业，投资一条10.5代TFT工厂就需要460多亿元，投资完成之后，正式的固定资产就会以折旧的方式进入产品成本。若把产品成本简单分为固定成本和变动成本，在重资产企业则固定成本占总成本的比重较大。

而在轻资产企业中固定资产占比相对较小，如工业设计公司、餐饮店等，房子是租的，几乎没有什么一次性大规模投入的资产，更没有太多固定资产，除了人力方面的投入以外，产品成本的构成主要是料工费和其他变动成本。重资产企业与轻资产企业的比较分析如表2-4所示。

表2-4 重资产企业与轻资产企业

项目	重资产企业	轻资产企业
资本投入	大	小
折旧	大	小
固定成本	大	小
单体规模	大	小
经营关键	规模（边际成本递减）	标准化、技术、产品溢价能力

当市场竞争特别激烈，或者企业战略发展特别需要时，重资产企业可以根据"销售收入＝成本（除折旧）＋费用"的逻辑，通过现金流平衡的方式来维持正常经营。这时企业利润表中的结果显示亏损，但亏损的只是固定资产折旧的部分，现金收支平衡，企业依然可以保持正常运转的状态，不会直接导致破产，这就是现金流经营的作用。

而对于轻资产企业来说，由于固定成本小，变动性成本大，现金收入必须覆盖现金支出，很难实行现金流经营。要强调的是，所谓重资产企业的现金流经营，也只是企业在特殊时期为了活下来不得已而为之的经营策略，并不应该成为企业经营的常态。

正是因为重资产企业和轻资产企业截然不同的特点，在实际的发展中，这两种企业往往会走出完全不同的两条道路。对于重资产企业来说，由于固定资产占比高，折旧大，想要盈利，最关键的就是规模。只有企业规模扩大，才会产生边际效应，高额的固定资产折旧才能得以分摊。

假定 A 企业是一家重资产企业，其年固定资产折旧为 10 000 元，产品变动成本（料工费）为 50 元/件，销售价格为 60 元/件。为方便说明，假定期间费用（销售、管理、财务）为零。当年销售 100 件时，企业会亏损 9000 元（=100×(60-50)-10 000）；当年销售 1000 件时，企业的利润为 0 元（=1000×(60-50)-10 000），可以保持收支平衡；而当年销售 2000 件时，企业的利润可以达到 10 000 元（=2000×(60-50)-10 000）。

更重要的是，重资产企业一旦有了一定的规模，还能实现品牌或供应链溢价，从而获取行业的超额利润。所以，从根本上来说，重资产企业通常会选择规模化发展路径，钢铁、液晶面板、轮船、汽车、家电、IC 封装等行业的企业莫不如此。

与重资产企业相反，轻资产企业发展的关键不一定是规模。由于进入门槛低，轻资产企业一般会走小而美的发展路径。所以，我们看到的很多轻资产企业大都规模不大，却别具特色，如成千上万的小餐馆、街边服装店等。差异化可以为轻资产企业带来独特的竞争力，但也限制了其发展规模。若要做大规模，就不得不相对牺牲特色，使产品、工艺、供应链标准化，通过连锁方式实现收入的规模化增长。

我们生活中经常能看到很多连锁品牌的餐厅，如麦当劳、海底捞等，或者超市，如沃尔玛、家乐福等。仔细观察会发现，无论在一个城市的不同街道，或者是在不同城市，这些店铺的产品体系、销售模式、营销活动甚至装修风格几乎都一模一样，特色被压制，这是轻资产企业做大的基本路径。

除了通过连锁方式扩大规模以外，轻资产企业另一个经营诀窍是靠技术、产品取胜，即把特色和独特价值进一步强化，在某一细分市场凭借独特性提高溢价能力，强化自身资产的价值。例如餐饮行业独具特色的私房菜饭馆，尽管规模不大，但单店盈利一般都不错。

说了这么多关于重资产企业和轻资产企业的内容，其实是想改变大家对于现金流经营的看法，提醒大家重视现金流量表。

2.2.2 评判企业经营质量的四个维度

从财务报表中基本可以看到企业经济活动的过程和结果，如果要进一步分析企业经营团队的经营质量，这时候就需要用财务分析的方法进行详细判断和分析。财务分析有不同的角度和方法，依我的经验，要想评判和分析一个企业的经营质量，可以从经营能力、运营能力、筹资能力/偿债能力、风控能力这四个维度入手。

经营能力强调的是企业现有资产创造价值的能力，是经营质量的集中体现，也是提升企业经营效果的核心能力。在此基础上，企业还需要其他方面的能力来充分赋能，保驾护航。比如，运营能力侧重的是企业内部资源（产）运作的效率，筹资能力/偿债能力维持的是现金流的稳定，而风控能力是避免危机和风险出现的保障。只有将四种能力结合在一起看，才能更全面地判断企业的经营质量。

1. 经营能力

经营能力是企业的基本能力，简单来说就是经营管理者利用企业现有资产创造价值的能力，体现的是资产的经营效益。企业的经营能力往往集中体现在一把手身上，因此，企业的总经理（CEO、总裁等）是评判一个企业有无未来、有无盈利能力的一个关键观察点。评判企业经营能力的方法或指标有许多，但关键或常用的是净利润（率）、毛利（率）以及资产报酬率（见图2-6）。

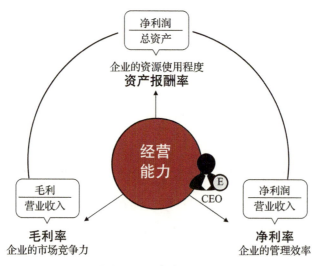

图 2-6 经营能力：现有资产创造价值的能力

具备强大经营能力的优秀经营管理者,往往可以用较少的资产投入创造较多的盈利。而在具体的工作中,在企业资产相对稳定、投入相对固定的前提下,如果经营管理者可以为企业创造更高的毛利、净利润,提高企业的资产报酬率,那么这个企业的经营质量自然是可以得到肯定的。

如前所叙,资产报酬率我们可以简单理解为企业经营管理者营运资产并创造出的收益(净利润)与资产之间的比率。资产报酬率越高,说明企业现有资源被利用的程度越高,经营收益也更多。从这个角度来说,通过资产报酬率的分析,我们可以直观地判断企业当前的经营质量,以及一个经营管理者的经营能力。

举例来说。一家餐饮门店的老板没有额外的投资项目,门店的总资产大约为100万元(包括持有的流动资金,以及之前购买的厨房设备、桌椅板凳等固定资产),每月的房租水电、人力、营销等方面投入的成本大概为2万元。在店长甲的经营下,门店每月的毛利可以达到5万元,扣除成本之后,净利润为3万元。也就是说,在店长甲经营门店的时期,门店的资产报酬率在3%(=(3/100)×100%)。

之后,店长职位出现了人员变动。在新店长乙的经营下,门店的营销力度加大,经营成本提高到了3万元。但投入的增加也带来更加丰厚的回报,门店的毛利和净利润分别提高到了9万元和6万元。经过一段时间的积累,虽然门店的规模没有扩大,但老板手中的流动资金增加了20万元,门店的总资产达到了 120 万元。按照公式计算下来，店长乙经营期间，门店的资产报酬率达到了 5%（=6/120×100%）。

通过毛利、净利润以及资产报酬率的直观分析对比，不难得出结论，店长乙负责经营工作的时期，门店的经营结果更好，经营质量更高。

2. 运营能力

企业除了强化现有资产创造价值的能力之外，企业还需要提升资产创造价值的效率。

企业资产创造价值的效率，在企业当中通常会被归纳为运营能力，集中体现在企业内部的组织、资产管理效率层面。现在有不少企业为此设立了专门的部门和责任人（首席运营官，COO），专职负责运营管理方面的工作。

至于如何评判企业运营能力，方法或指标有许多，但因为运营主要关注的是企业资产运转的效率，所以关键或常用的四个指标是资产周转率、固定资产周转率、应收账款周转率和存货周转率（见图 2-7），基本都与资产的周转速度有关。

无论是经营还是管理，要想得到一定的产出，首先要付出一定的成本。投入资产，取得回报的过程，其实就是资产周转的过程。而资产周转率，反映的是企业的资产从投入到产出的速度。从这个角度来说，固定资产周转率体现的就是企业固定资产从投入到产出的速度。应收账款周转率和存货周转率则分别代表了企业应收账款、存货这些流动资产创造价值的效率。

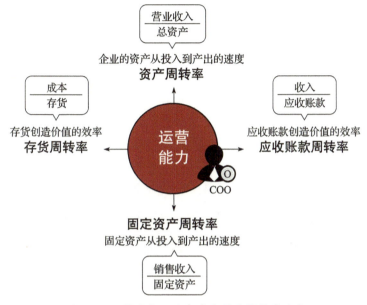

图 2-7 运营能力：现有资产创造价值的效率

无论什么类型的资产，周转率越高，其创造价值的周期就越短，企业的经营效率和经营质量就越高。换个角度来说，通过分析企业各种类型资产的周转率，我们可以清晰地判断企业的经营效率以及经营质量。

力帆汽车财务报表中公开的数据显示，2020 年全年力帆汽车的营业收入为 36.37 亿元，总资产为 179.40 亿元，根据这个数据我们不难算出，力帆汽车 2020 年的资产周转率约为 20.27%。

作为对比，相同时期内，长城汽车的营业收入为 1033.00 亿元，总资产为 1540.00 亿元，计算出长城汽车 2020 年的资产周转率约为67.08%。通过资产周转率的对比可以看出，长城汽车的经营效率和经营质量要高于力帆汽车。

3. 筹资能力/偿债能力

企业要想最大限度获益，提高现有资产创造价值的效益和效率缺一不可，但如同第2章在讲述"企业盈利的关键"时提到的，企业的盈利或经营质量还与权益乘数相关，即企业利用财务杠杆的能力相关，而财务杠杆必然涉及资金，涉及筹资能力。

而企业的筹资能力，除了基本的直接筹资能力外，在某种程度上也受到偿债能力的影响。一般来说，企业资金债务按偿还时间的长短可以分为短期债务和长期债务。在分析企业偿债能力的时候，自然也要从这两个维度入手（见图2-8）。

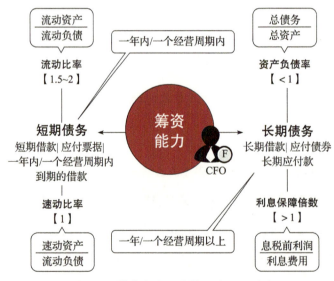

图2-8 筹资能力：维持现金流的稳定

（1）短期债务

短期债务，顾名思义就是企业在短时间（通常指一年内或一个经营周期内）需要偿还的债务，也称流动负债，主要包含短期借款、应付票据、一年内或一个经营周期以内到期的借款。短期债务因为要在短时间内偿还，通常会在企业的流动资金当中支出，所以，衡量短期债务能否顺利偿还要看企业的流动资金是否充足。常用的财务指标是流动比率和速动比率。

1）流动比率

流动比率指的是企业流动资产与流动负债的比率，通常来说，这个比率保持在1.5～2.0，也就是企业的流动资产是流动负债的1.5～2倍比较合理。这种情况下，企业除了偿还债务，还有充足的资金可以用于经营和管理方面的投入。

2）速动比率

速动比率则是指速动资产与流动负债的比率。速动资产是企业流动资产中的最灵活的部分，比如手中随时可以支取的现金、随时可赎回的短期投资，以及应收票据、应收账款等。作为随时可以灵活变现的资产，速动比率为1，即速动资产与流动负债之间的比例维持在1∶1的情况下最为理想，这样企业即便不去变现流动资产当中相对固定的部分，也能顺利偿还债务。

其实短期债务偿还能力的逻辑非常简单，举个生活中的

例子。假如有人管你借钱，而且金额不低，你首先肯定会考虑一下，这个人每个月的工资收入是多少，家庭条件如何等问题。借款人的家庭条件其实就是他的流动资产，而工资收入就是他的速动资产。在考虑清楚、确定这个人有足够的偿债能力和信誉度后，你才会把钱借出。

（2）长期债务

相应地，长期债务是指偿还期在一年或一个经营周期以上的债务，主要包括长期借款、应付债券、长期应付款等。与短期债务相比，长期债务通常数额较大、偿还期限较长。在长时间的偿债过程中，企业不仅要确保总资产足以支持顺利偿还，同时还要确保收入能够维持日常的利息偿还。衡量长期债务能否顺利偿还通常要用到两个财务指标，其一是资产负债率，其二是利息保障倍数。

1）资产负债率

资产负债率，即企业总债务与总资产的比率，通常只有在比率小于1的前提下，也就是企业的总资产能够超过总债务的基础上，才能保证债务的顺利偿还。资产负债率越低说明企业的偿债能力越强。

2）利息保障倍数

利息保障倍数，即企业息税前利润与利息费用的比率，只有当比率大于 1，即企业息税前利润超过利息费用时，才能保证长期债务利息部分的顺利偿还。至于如何制定利息保障倍数的标准，建议企业可以将之前 5 年时间内稳定偿息时的利息保障倍数记录下来，取其平均数。

关于长期债务的问题，我相信很多人在生活中也经历过。比如在贷款买房的时候，通常会把房产作为抵押，即使最终因为收入不足或者其他问题没能及时足额还款，银行也可以用房子来抵偿。这样做，其实等同于变相地保证了个人的资产足以偿还银行贷款。

除此之外，在贷款阶段，银行还会考察我们的收入情况，并以此为依据提供相应的贷款年限和还款方式。目的是确保在债务偿还期间，个人可以稳定地偿还每月利息，保障银行的利益。

当企业发展到了一定程度，为了提升筹资能力及管理现金、偿债等方面的工作，一般会设立专门的岗位并聘请专人来负责这项工作，这个岗位一般归属财务部，部门负责人叫财务经理、财务总监或首席财务官（CFO），所以，要全面了解企业的负债情况、偿债能力等，直接找财务部的负责人是最有效的方法。

4. 风控能力

在企业经营的过程中，一些突发的风险和问题也会影响经营质量。所以，企业的风控能力也是衡量企业经营质量的重要指标。企业发展到一定程度，规模较大时，为了强化风险管理也会设立专门的风控部门专门负责各种经营和管理的风险管理工作，其负责人被称为首席风险官（CRO）。一般来说，企业经营风险通常会出现在五个方面（见图2-9）。

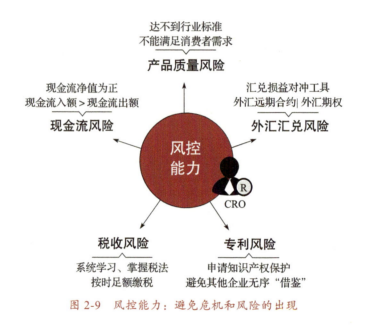

图2-9　风控能力：避免危机和风险的出现

（1）现金流风险

作为企业经营投入的主要来源，如果现金流出现问题，企业也会因此陷入经营困境，甚至倒闭。一旦现金流出现短缺风险，现金流量表可以充分反映出来或提示，所以必须时刻关注现金流量表。

那么什么样的现金流属于良性状态呢？关键指标是日常现金流净值为正，也就是现金流入额超过现金流出额。

（2）产品质量风险

产品达不到行业标准或不能满足消费者需求，对于企业来说是收入和口碑的双重损失，会对未来的发展产生深远的消极影响。所以，在产品质量方面，企业必须建立严格的管控制度，确保产品的合格率，降低返修率和投诉率。

（3）外汇汇兑风险

外汇汇兑风险是世界经济局势决定的，企业无法控制。但企业可以通过提前采取相应的措施，比如使用汇兑损益对冲工具，来减轻可能出现的汇兑风险的冲击。汇兑损益对冲工具主要有两种：一种是外汇远期合约，即通过签订合约的方式，以一个比较有利于自身的汇率与合作企业进行交易；另一种是外汇期权，即赋予经营管理者选择合适时机进行交易的权利。

（4）专利风险

当企业的技术水平没有达到形成壁垒的层次，但产品又具备一定独特性的时候，其产品其实很容易被其他企业模仿、抄袭。为避免这种情况发生，企业可以在设计产品之初就借助国家的知识产权管理与保护机制，将自己的产品独特性以法律的形式确认下来，避免其他企业无序"借鉴"。同理，企业在经营过程中也不要侵害其他企业或单位的专利，以避免索赔、法律禁止风险。

例如，中国财富网报道，2021年7月21日，宁德时代方面称，已就中航锂电专利侵权案递交起诉书，案件已被受理。根据宁德时代的专利起诉公告，中航锂电涉嫌侵权的范围覆盖全系产品，且此次涉嫌专利侵权的电池产品已搭载在数万辆新能源电动车上。

对此，中航锂电当日也发表了声明，否认涉嫌侵犯宁德时代的知识产权，声明中说："中航锂电始终将自主研发、技术创新作为立身之本，面向未来进行全面的研发布局和投入规划……我司提供给客户的产品都经过专业知识产权团队的全面风险排查以保障不侵犯他人知识产权。"

8月2日，中航锂电再次声明，已向国家知识产权局提交两件涉诉专利的无效宣告请求，并称公司将依照法律程序行事，并不惧挑战。由此，火热的锂电行业再次迎来了专利之战，背后代表着市场、客户、资源等方面的竞争和对决，对双方来说都是输不起的诉讼，更是经营和管理中必须避免的专利风险。

（5）税收风险

所谓税收风险，指的是由于一些失误或者其他不可控因素的影响，导致税收无法按照既定标准缴纳，受到政府的处罚，从而影响企业经营的风险。为了避免这种风险，企业的经营管理者应该系统地学习和掌握税收相关的制度、流程，在实际的工作中，也要按照法律规定的方式按时足额地缴税。

总的来说，风险无处不在，但并不是不可控制的，企业可以定期进行经营风险评估，找到可能存在问题的环节，并将风险扼杀在萌芽状态。

棋在局外，经营同样也在局外。无数经营管理者兢兢业业、任劳任怨，却得不到一个好的结果，关键的问题就是他们忽略了一些局外因素。在很多商战影视剧作品中，扬名立万的企业家都喜欢说一句"知己知彼，方能百战不殆"，但在现实中，很多企业的经营管理者都只做到了了解行业、了解竞争对手，却不够了解自己。

好高骛远者坠落，墨守成规者滞后。只有足够了解自己，才能制定出合理的经营策略。我之所以一直强调从财务的角度去分析企业的经营质量，通过四种能力的维度去评判企业的经营质量，就是为了让经营管理者通过企业体检的方式，重新深刻地认知自己的企业，认知企业的经营质量现状、能力现状并找到提高和改进的方向。

02

PART 2
第二部分

高质量经营的前提、逻辑和组织

第 3 章

高质量经营的前提：看趋势，想清楚，坚持干

　　制定一套优质的战略是企业实现高质量经营的前提。而战略的规划和设计主要可以分为三个步骤：第一步是"看趋势"，即找到一个企业运行的正确方向或正确轨道；第二步是"想清楚"，即树立一个合理的目标，并围绕这个目标去整合资源、制订行动计划；第三步是"坚持干"，即行动和执行，将计划推行下去。

3.1　看趋势：从未来看今天哪件事情不做最后悔

　　所谓企业战略，一般是指企业根据自身对市场、行业、用户、需求等外部环境的研究和判断，以及对现状、资源、能力、实力、优劣

势等内部条件的认识和评估，选择适合的定位、产品、经营领域，打造自己独特的核心竞争力，通过合适的路径选择、合理的资源投入在竞争中取胜，并实现中长期目标的一套理论、模式、方法论和行动方案。

很多企业在一个经营周期（如一年）告一段落之后都会召开一次会议，总结这一阶段的收获和教训，并对中长期的发展战略进行梳理、调整和优化。在企业经营和管理实践中，我也不止一次参加过类似的会议，但从实际结果来看，大多数时候企业所谓的战略规划，不是务虚的领导讲话、统一认识、喊口号、树标语，就是简单的定目标、下任务、KPI（关键绩效指标）考核。

之前，我曾经作为外部顾问参与过一家房地产公司年底的战略研讨会。会议名义上是共同探讨未来的发展战略，但实际开会的时候，我发现他们探讨的话题和战略其实并没有太多直接的联系。

会议正式开始后的第一个环节，这家公司的CEO首先对这一年的工作进行了复盘和总结，分析得非常细致，花费了很长时间。复盘完成之后，公司的CEO又代表整个核心管理团队宣布了未来三年内需要完成的业绩目标。这个目标是高层管理者们根据之前几年的销售数据以及业绩增长的趋势，综合市场发展的动态拟定出来的。当然，在宣布业绩目标的同时，CEO也做了激励人心的宣讲，以调动员工的工作积极性。到这一环节结束，整个会议的流程已经完成了大半，但几乎没有涉及任何关于战略的内容。

接下来，CEO又把公司整体的年度业绩目标拆分成一个个具体的小目标，作为任务下发给每个地区的分公司总经理。下发任务的过程中，自然少不了总部与分公司的讨价还价，也少不了总部一番激励、警示和分公司的积极表态。待到整体目标拆分给每个分公司之后，会议也到了尾声，最终在一顿激情澎湃的晚宴后结束。

这是多数企业年终总结与战略规划、年度目标拆解的常态，过程中战略规划往往被轻视和忽略。即使将其提上议程，基本上也只是走个过场，比如制定未来中长期企业的发展目标，然后根据目标达成所需的各个重要因素，将整体目标拆分成了每个单位、职能部门需要完成的任务——很多企业确定战略的步骤，都是走到这一步就结束了，但是很明显，这和企业战略的本意相差甚远。

真正的战略不只是目标的拆解，更需要实现每个子目标的方式、方法、措施。所以，在目标拆解之后，企业还需要梳理出每个子目标达成的具体方法，并将这些方法融合到一个系统当中，这样才能形成真正的战略。

当然，这只是一种战略规划的思路，在实际工作中，具体的战略应该如何制定，流程和系统如何建立，又是另外一个复杂的课题。**复杂的事物背后，往往隐含着简单的逻辑，**虽然具体的操作流程我们不能照搬照抄，也很难全盘复制，却可以通过了解战略规划的简单逻辑，然后结合自身的实际情况，设计出一套完整且属于自己企业的战略系统。

根据我个人在战略规划方面的实践经验，正如前面所说，战略规划主要可以分为"看趋势，想清楚，坚定干"三步。

> 小米创始人雷军曾在北京大学参加过一场"活力中国说·一刻演讲"的活动，当和大学生们谈到职业规划的问题时，他曾说过这样一句话："我们做任何事情都需要看五年以后的事情，想三年，认认真真做好一两年。"他认为一个人在规划自己未来的职业发展路径时，要学会站在未来的角度确定方向，然后仔细思考三年之内的具体发展是什么以及如何去做，最后按照既定的计划，扎扎实实地执行一两年，通过实践来检验规划的正确性。

其实，规划企业战略也是同样的道理。这一节我们先来讲一下"看趋势"。所谓"看趋势"，是指洞察和分析那些给企业发展带来持续而深远影响的因素，判断市场、行业的未来发展趋势，从而帮助企业找到适合自己的战略方向和运行的正确轨道。

可以简单理解为，从未来看今天企业哪些事情不做会最后悔。比如，我们可以问问，从5年后的2027年来看2022年的今天，企业哪件事情不做会最后悔？那么这件事情，大概率代表了企业所在行业未来发展趋势中的一种，也是企业必须要做的事情。

> 比如，汽车制造业的企业都知道新能源必将成为未来主

流，因此如果现在不去研发新能源、充电桩等技术，未来肯定会后悔。再比如，对于餐饮企业来说，在外卖大潮下，标准化已经成为未来的必然出路，因此如果现在不去考虑预制菜、供应链等因素，未来一定会后悔。

那么，在实际的战略规划中，看趋势看的是什么，哪些因素对企业的影响深远而持久呢？依我个人的经验，主要有三个重要选项可供参考，分别是国家政策、市场规律以及技术变化（见图3-1）。

图3-1　站在未来看现在

3.1.1　看国家政策

几乎没有企业可以脱离社会生态、市场环境而单独存在，即便是为了公益事业而设立的企业或组织，也必须面向社会，否则就失去了生存和发展的土壤。而生存在社会生态和市场环境当中，企业自然就不能忽略国家政策、产业政策等对于社会生态、市场环境的影响，可见，国家政策，尤其是产业政策，是一个企业生存和发展的基本之一。

2021年，国家政府相关部门出台了针对青少年的"游戏禁令"，规定未成年人每周玩网络游戏的时间不得超过3个小时，游戏公司仅可以在每周的周五、周六、周日以及法定节假日的20时至21时，为未成年人提供服务。此禁令一出台，整个网络游戏行业发生了巨大的变化，很多游戏公司进一步加强了自己的监督、监管力度，实名制、人脸识别等功能纷纷上线。而很多游戏公司的产品开发方向也逐渐从面向青少年，转为面向成人。

无独有偶，同样在2021年，国家教育部门发布了关于义务教育阶段校外学科培训的限制文件，很多业内知名的教育机构不得不放弃学科教育的业务，转向其他方向。

显然国家政策，尤其是产业政策对企业的发展是方向性的，影响巨大。虽然亚当·斯密一直在强调市场有自我调控的能力，但很多时候，市场的自我调控未必会让行业的发展走向正途。否则，经济危机就不会周期性爆发。因此，即便信奉市场经济哲学的资本主义国家也常常通过调控或使用利率、需求、资金、税收、财政支出等金融或政策工具引导行业的健康发展。

无论在何种情况下,国家的声音对于市场的影响始终都是巨大的。我们必须充分研究并把握不同时间段的国家政策、产业政策,只有这样,才能避免与时代背道而驰,同时还可以借助政策的东风实现持续发展。

至于政策具体要如何把握,可以从以下两方面来:一方面,经营管理者要时刻关注时事动态,了解市场,了解时局;另一方面,最简单的方法是看国家的"国民经济和社会发展五年规划纲要",纲要中鼓励发展什么产业,限制或淘汰什么产业,具体配套设施都有哪些等宏观政策都一目了然。只要肯做功课,国家政策的方向会非常清晰地呈现在我们面前。

3.1.2 看市场规律

国家政策对行业、企业的影响深远且持久,但大多数时候,它是通过改变人的认知和行为方式而间接对行业和企业产生影响的。相比之下,市场需求、规模、结构的变化及其规律,对行业和企业的影响则更加直接和深刻。

从商业诞生到现在,需求、市场一直处在不断变化当中,行业游戏规则、企业经营策略也一直在随着需求、市场规律的变化而变化。

以智能手机行业为例,根据国家统计局发布的《2020年国民经济和社会发展统计公报》中的数据显示,中国使用手机上网的人数(过去半年通过手机接入并使用互联网的人数)

已经达到 9.86 亿人。虽然移动互联时代已经到来，但作为移动互联网主要终端设备的智能手机，作为一种产品进入我们的生活其实并没有经历很长的时间。

2007 年左右，国内第一批智能手机产品进入市场，2009 年左右开始普及，到 2021 年，也不过经历了十多年的时间。但在短短的十多年里，国内智能手机行业却出现了天翻地覆的变化。

在智能手机行业刚刚起步的阶段，其背后的市场还处于一个未开发状态，消费者对于这种全新的产品没有相应的认知，更谈不上所谓的标准。所以在这个时期，很多传统通信行业的企业，比如中兴、酷派等，利用较低的价格和相较于功能手机更强大的功能，通过与电信服务商的合作，以合约机的方式很快打开了智能手机的市场。

但随着智能手机的逐渐普及，消费者越来越了解这种产品，对于手机功能、性能以及个性化方面的需求也开始逐渐增长。市场规律的变化，使得之前创造了时代的传统品牌快速陨落，而一些追求多功能、高性能以及个性化产品的新兴品牌迅速崛起。现在市场上排名前列的头部品牌，例如华为、荣耀、小米、OPPO、vivo 等，都是在这个阶段发展起来的。

智能手机行业在短短的十多年里，就经历了一次彻头彻尾的"剧变"，而这一切都是市场规律的阶段性变化导致的。无论广义的整体市场，还是狭义的某个行业背后的市场，都会不断地发生改变。因为

市场规律是消费者需求的映射，消费者的需求不断增长、变化，市场规律自然也随之调整。

而对于企业来说，生存在市场和行业当中，必然要遵守市场规律、行业规则。但仅仅循规蹈矩是不够的，还要学会通过研究市场，分析、判断市场的未来发展趋势和规律，去制定企业面向未来的发展战略。**被动接受，永远都比较滞后；洞悉未来，才能拥有未来**。

市场需求的变化是现在进行时，如果等到市场规律出现了变化才去采取相应的措施，可能企业的战略调整尚未完成，市场上就又出现了新的变化。虽然企业投入了成本，但如果没有赶上潮流的末班车，依然无法创造有效的价值。

还是以智能手机行业为例，当智能手机开始取代功能手机成为消费者的新宠时，海尔、格力、创维等传统家电品牌也注意到了这种趋势，纷纷开始进军智能手机业务，想要从中分一杯羹。但是这些公司显然低估了市场规律变化的速度，在它们设计并开发自己的智能手机产品时，消费者的需求已经开始迭代，对于最初那种价格低廉但功能也相对普通的产品已经失去了兴趣，转而开始追求其他功能更强大，能够满足更多个性化需求的新型产品。所以，当海尔、格力、创维等品牌推出自己的第一款智能手机时，产品已经落后于时代追求，导致销量惨淡，最终黯然退场。

"物竞天择，适者生存"这种生物学领域的规律，同样适用于商业领域。**市场是公平的**，它会在一个公开、公正、公平的透明环境下，给予每个人同等的机会。但人与人之间的能力是有差距的，只有准确把握市场脉搏，针对未来进行布局的企业才能活得更好、更长久。至于如何站在未来的角度分析市场规律演变的趋势，通常需要两种能力。

1. 市场洞察能力

对于商业直觉好、专业能力较强、具备丰富经验的企业高管来说，他们能够敏锐感知市场的风吹草动，并快速地与消费者需求、市场规律直接联系起来，从而精准捕捉市场需求的变化，抓住转型机会。

2. 大数据能力

缺乏经验的企业高管，有时并不能敏锐地发现市场需求变化的蛛丝马迹。在这种时候，就可以利用大数据分析工具，搜集和分析不断变化的经营数据，辅助自己捕捉市场需求的变化方向和发展趋势。

> 根据卫健委（国家卫生健康委员会）发布的《2020年度国家老龄事业发展公报》，截止到 2020 年 11 月 1 日零时，我国 60 岁及以上人口已经超过 2.64 亿，占总人口的 18.70%，这一比重同比上升 5.44%。从这个数据当中不难看出，未来 5 年之后，消费者健康养老方面的需求一定会大幅度增长，如果企业未来想往这个方向发展，那么现在就应该开始布局。

蝴蝶翅膀掀起的微风，需要漫长的积累与演变才能形成气旋，但当气旋升起，狂风暴雨转瞬即至。**未来迟早会来，时机只会留给有准备的人。**

3.1.3　看技术变化

"科学技术是第一生产力！"很多时候，国家政策和市场规律的变化，也会受到行业技术发展的深刻影响。尤其是进入移动互联时代之后，科学创新、技术迭代的速度更快，频率也更高。今天看起来还处在行业尖端的技术，或许明天就会被更新、更好的技术淘汰。

面对科学技术的快速变化，作为企业经营管理者，我们有必要从技术发展方向、趋势的角度去判断未来会不会出现革命性的替代技术。如果没有，企业可以沿用现在的主流技术；如果有，企业则需要果断放弃容易被代替的技术，根据未来的技术方向提前布局，占据未来发展的主动权。否则，技术迭代之后，企业不但会失去先机，而且使用原有技术生产出来的产品也会失去生存的空间。

很多人在日常生活当中都喜欢用拍照的方式，记录一些值得纪念的人和事。在20世纪八九十年代，人们常用的主流设备是胶片相机，拍照之前需要安装胶片，拍照之后需要洗印。

进入21世纪之后，数字摄影技术逐渐成熟，尼康、索尼等公司相继推出了数码相机产品。由于数码相机拍摄更加清晰、方便，所以很快就取代胶片相机成了主流。这种取代是全方位的，很快胶片相机就淡出了人们的视线，很少有人会继续使用这种传统产品。而现在，随着智能手机的拍摄功能越来越强大，使用数码相机的人也越来越少，这都是拍摄技术变化进步的结果。拍摄技术的变化也使得置身其中的企业犹如经历了"大浪淘沙"，有的获得了成长，有的则彻底消失在市场中。

在之前很长一段时间里，一直都是消费者需求在推动科学技术的发展，但现在更多时候是科学技术的进步在驱使着消费者升级自己的需求。当企业不再把科技创新当作吸引消费者的噱头，而是不断进行自我提升和自我强化时，说明我们的市场真正进入了科技创新为王的时代。所以在很多时候，明知道科技创新需要的投入极大，企业也必须投入，因为在这个时代，**不创新就意味着落伍，落伍就注定要被淘汰**。

追求新生活、追求消费升级是人们满足自身需求的必然选择，在生产力普遍提升、产品种类愈发丰富的今天，这种属性更是被无限放大。当然，并不是每一个企业都能成为创新者，但起码也要做到向主流趋势看齐。所以，我们必须要判断未来五年及以上科技发展的走向，分析技术变化的趋势，并在必要的时候提前布局，甚至自己去开发、应用某种可能带来颠覆式效应的创新项目。

至于如何判断科技发展的走向，其实很简单，互联网的普及使得信息传播的速度和广度都得到了大幅度的提升，而一些尖端技术在问世之后，很快就会在很多渠道得到曝光。我们要做的，就是要在企业中设立专门的部门，如产品规划部或技术情报部去及时关注和分析行业相关技术领域的信息。即便企业没有设立专门跟踪部门，这样的职能也要有相应的部门去承担。

而在分析技术信息的过程中，我们要兼顾投入产出比、应用难度、实用性、市场接受度等多个维度的要素。很多时候，科学家们研究出来的尖端科技，要超越我们现在所处的时代不止五年的时间，它们或许在更远的未来才会被应用。所以，我们在深入了解新技术的内容和原理之后，必须准确判断其未来的前景。

企业要想持续且长远地发展，国家政策、市场规律、技术变化都是不得不关注的重要因素。除了这三点以外，还有很多其他因素也具备同样的影响力，比如国家环境的变化、相邻产业的发展等。

总而言之，所谓看趋势，就是要求经营管理者学会站在未来的视角看今天，确定企业今天该做什么、不该做什么，从而明确企业的发展方向和发展战略。

3.2 想清楚：做好三年战略规划

看趋势一般是分析未来五年或更长时间的国家政策、市场规律、技术变化，目的是为企业找到未来发展的正确方向和正确的运行轨道。但仅有方向是不够的，还必须根据方向做好具体的规划，并将规划顺利地落地和实施下去。而这个环节，就是所谓的"想清楚"。

"想清楚"是指企业战略规划中对目标、路径、组织形式、资源保障、能力建设、管理工具、激励机制等要进行清晰明了的认定。"想清楚"解决的是如何正确地做事的问题，具体来说就是做好中期战略规划。企业实践中，中期战略规划一般指的是三年战略规划。很多人或许会产生疑问，为什么之前分析的是五年或更长期的未来发展趋势，但在制定具体规划时，却只做三年的呢？

原因很简单，**所有主观判断和趋势分析都存在失误或偏差的可能性**。即便我们收集的数据再真实、再全面，但在进行分析的时候，因为存在主观意识，最终结果的准确性也可能受到影响。之所以选择中期或三年作为战略规划的时间节点，一是因为时间间隔较短，更容易做出准确的分析或判断，使规划更加具体，可执行性更强；二是为了及时地验证"看趋势"中的分析结果的准确性，以便在出现问题的时候及时纠偏。

在实际工作中，我们应该如何去制定三年战略规划呢？我认为规划具体包括以下关键内容：首先是战略目标，其次是目标实现的路径和方法，最后是目标实现的组织和资源配置。这几个关键内容设计到位了，企业就能得到一个较为完整的战略规划。

还是以餐饮企业为例，若企业经讨论研究决定以规模、速度为未来三年的战略规划重点，则首先应确立企业规模、速度相关的战略目标,如三年内实现的收入各是多少,增长率各是多少。相应地,企业决定采取标准化、连锁化的发展路径和实现手段。为此,企业就要研究标准化的菜品,建立成熟稳定的供应体系和配送体系等,这样才能做到标准化。与此同时,还要研究组织架构、专营或加盟,以及人力资源、资金等资源配置,以适应连锁化的要求。最后,要将以上目标、路径、组织、资源等具体化、数字化,这样才能形成一个完整的三年战略规划。

关于企业战略规划的制定,其实有很多现成的方法,比如 SWOT 分析、战略地图、杜邦分析、竞争分析等。但从我个人的经验来讲,我更倾向于从目标、路径、组织和资源这四个维度去进行三年战略规划的制定。

3.2.1 目标

制定三年战略规划的第一步,就是确定目标。就像我们之前所说的,未来趋势的可能性分析只是给我们提供了一个发展方向,虽然正确,却过于宽泛。想要把大致的方向转化为具体的措施,中间需要一个转化器,而这个转化器就是目标(见图 3-2)。

以汽车厂商为例,企业通过分析未来的行业发展趋势,发现新能源汽车取代传统燃油动力汽车已经成为必然的趋势,所以企业在接下来的经营中,必然要把研发、生产、销售新能源汽车作为重要的内容。得到这个结论,企业等于已经明确了未来发展的方向。

明确了方向之后，企业会结合自身的具体情况，确定更加有计划性的具体目标，比如两年内引进完整的新能源汽车配套生产流水线，三年内研发出自己的新能源汽车平台并下线新产品，四年内实现量产销售等。有了这些目标以后，企业才能根据实现目标所需的关键要素、资源，去制定系统的规划。

目标是大致方向与具体规划之间的桥梁，只有在目标的串联下，才能将方向转变为合理的战略方案。从这个角度来说，**目标是发展方向的具体映射，而规划则是为目标服务的执行流程。**

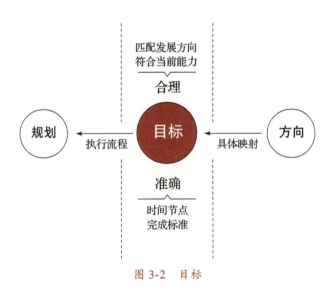

图 3-2 目标

当然，并不是所有的目标都能准确地指导规划的制定。根据我的经验，一个正确的发展目标，首先需要具备一定的合理性，既匹配发展方向的要求，又符合企业当前的能力水平，否则企业战略容易出现偏差。

其次，目标还应该具备准确性，有明确的时间节点和完成标准。如果没有时间节点和完成标准来规范组织的行为，那么目标何时实现、完成程度如何也就成了未知数，而目标也就失去了存在的意义。

3.2.2 路径

确定目标之后，经营管理者就可以根据目标的需求，去规划实施的具体路径。虽然路径的规划逻辑上应该在目标确定之后，但在实际的战略设计过程中，通常都是和目标确定环节同步进行的。在之前的内容中，我们已经提到，目标的确定需要充分考虑企业自身的综合能力，而在分析企业能力能否支撑目标的实现时，必然会涉及目标实现的路径。

那么企业如何根据目标去规划实现其的路径呢？路径的规划一般从两方面进行：一是产品及其组合，比如基本盘产品、高毛利产品、价格竞争型产品及其组合；二是客户及其市场细分，比如基础客户、高价值客户及其细分组合。

要注意的是，目标实现路径并不等同于目标实现方法。目标实现路径一般强调逻辑和结构，属于框架性的方案；而目标实现方法则是由细节性的技巧以及具体的工具组成的，更贴近实际操作。

一般来说，企业的经营管理者更擅长统筹经营和管理，而企业的一线执行团队对于具体细节的把握比较到位。因此，要综合发挥经营管理者和一线执行团队二者的优势，前者应该侧重目标制定、路径规划，后者则应该侧重具体方法，执行到位（见图3-3）。

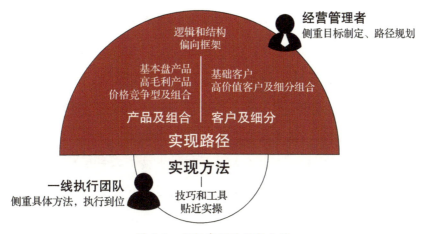

图 3-3　目标实现路径与方法

3.2.3　组织

面向未来的战略规划，从表面上看影响的只是企业业务层面的内容，但实际上，业务要想升级，企业的组织也要相应地提升。比如，根据战略规划，一家零售企业要增加电商业务，但企业内部如果没有具备电商运营能力部门和员工，这种业务的升级则很难实现。

组织是支撑业务发展的基础保障，无论目标如何制定、路径如何规划，根据战略规划落地的需求，强化内部组织中部门和员工的能力都是不可或缺的。很多时候，想要保障战略规划的实施，企业甚至需要调整自己的组织架构。

华为在走向国际市场的时候，一开始并没有如战略规划得那样一帆风顺。不同国家之间在文化、风俗、市场等方面都存在着很多差异，这些都制约了一线团队的业务开展。为了解决这个问题，顺利达成既定的战略目标，华为对一线团队的组织架构进行了调整，从销售人员各自为战转变成了以"铁三角"为组织架构的团队作战。

所谓"铁三角"指的是团队当中的三个角色——客户经理、产品经理和交付经理，三个角色分别负责不同的工作，但又通力合作、相互赋能。客户经理主要负责与客户的沟通和对接，往往由团队当中人际交往能力强、善于与人沟通的人选来担任。产品经理主要负责产品专业性内容的解读和分析、根据客户需求制订或调整解决方案，以及后续设备落地施工的工作。而交付经理负责的自然是交付相关的工作，他不仅要参与到具体的项目施工过程中，承担监督者的角色，还要在项目完成之后向客户交付，并承担后续的售后服务工作。

"铁三角"的组织架构，与华为当时既要提供通信设备，又要负责设备落地施工的业务形式十分吻合。可以说，华为能够成功进军海外市场，这套组织架构厥功至伟。

华为调整一线团队的组织架构，目的是提高团队工作的效率，以应对越来越复杂的业务和多样化的客户。对于大多数企业来说，除了效率以外，影响战略规划落地的更多是组织的能力。在这种情况下，企业就需要根据战略规划的需要，去提高组织的能力水平。

我所在的小区附近有一家服装零售店，原本只是线下经营，但2020年新冠肺炎疫情导致的惨淡业绩，刺激了这家店的老板开始寻求向线上渠道转型。但是他对于线上运营一窍不通，既不具备相关知识，又缺乏必要的技能。为了成功实现战略目标，他只好从头开始学习。恰好又是在疫情最严重的时期，所以他干脆报名了一个网课，跟着专业的老师去学习电商运营。最后，2021年疫情平缓之后，他也顺势上线了网店，双管齐下，获得了更多的收益。

对于小型零售店来说，很多时候企业内部往往只有老板自己，但他同样需要去努力学习，提高自己的能力。当然，有些时候个人的能力是有边界的，在内部提高难以实现的前提下，也可以尝试从外部直接招揽拥有战略规划落地所需能力的人才。**解决问题的思路不止一种，换个角度，往往能豁然开朗。**

3.2.4 资源

除了组织能力以外，企业本身拥有的资源也会直接影响到战略规划的落地实施。因此，企业在制定战略规划时需要对自己拥有的资源进行盘点和匹配，即所谓的"兵马未动，粮草先行"，以避免目标过高、资源不足，失去执行的条件。

其实企业除了拥有的资本、技术、产品客户、品牌等内部资源以外，还拥有包括人脉、上下游客户等在内的很多外部资源。但在资源盘点和匹配的过程中，很多企业往往会深受内部思维的羁绊，忽视外部资源，结果使得战略规划无法最大限度发挥企业资源创造价值的能力。

为了解决这个问题，经营管理者需要掌握资源整合的思维和能力。注意，整合不是简单地相加，而是把企业拥有的内外部资源融入一个系统，通过资源之间的相互作用，最大限度发挥资源创造价值的能力（见图3-4）。也只有这样，企业制定的战略规划才能物尽其用。

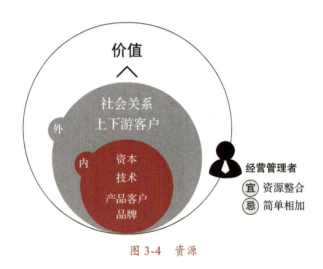

图 3-4　资源

阿里巴巴作为电商平台，很早就提出了构建物流体系的战略要求。但作为一家轻资产企业，阿里巴巴早期没有自己的物流部门，考虑到平台在日常的经营中已经和很多外部物流公司签订了合作协议，于是便决定通过整合外部资源的方式去组建自己的物流体系。于是，阿里巴巴建立了"菜鸟物流"，一边组建自己的物流团队，一边通过投资或者合作的方式，有条不紊地将多家物流公司纳入合伙团队。通过内外部资源的整合，阿里巴巴建立了完整的物流体系，为之后的战略发展奠定了扎实的基础。

企业即便发展到了很高的水平上，甚至成为行业头部，其个体拥有的资源依然是有限的。如果能够把目光放长远，摆脱内部思维的阻挠，这时候你就会发现，**整合资源之后能够驰骋的，不止自家的一亩三分地，还有朋友和伙伴们的广阔草原。**

3.2.5　战略规划的实操

我们前面已经从理论层面讲解了企业应该如何规划自己的发展战略。接下来，我们以某锂电池企业（以下称"A企业"）的三年发展战略规划为例（见图3-5），来帮助大家进一步加深理解。

A企业作为专注3C的IT移动终端锂电池能源产业参与者，对锂电池能源产业的环境、政策、市场等始终保持着专业的关注。从整体的发展趋势来看，国内自主产权的产品取代国外同类型产品已经成为必然的趋势。但国内不同品牌之间的竞争依旧存在，想要从同质化竞争中脱颖而出，相对独特的核心竞争力、优质的服务都是不可或缺的。据此，A企业以战略地图的四个维度：财务、客户、内部流程、学习与成长为核心，通过对其因果关系的分析明确了企业三年战略发展的目标、路径、组织和资源，在发展路径上重点强调了实现产品差异化和提供优质服务的内容。同时，考虑到盈利能力，又增加了提高品牌溢价和供应链共赢这两条关键路径。

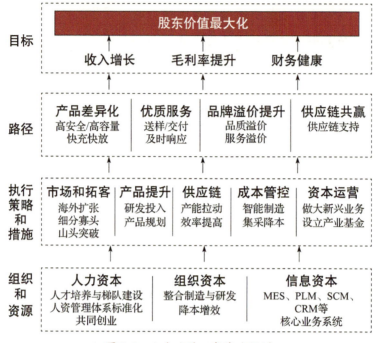

图 3-5　A 企业的三年战略规划

为了实现上述的四个战略目标，A 企业从五个方面入手，制定了具体的执行策略和措施：

- 在市场和拓客方面，通过海外扩张、细分寡头和山头突破，与更多的优质客户建立良好的客户关系。
- 在产品提升方面，加大研发投入，强化产品规划职能，为客户提供有技术突破的产品。
- 在供应链方面，协同整个供应链，实现产能拉动和效率提高。
- 在成本管控方面，利用生产制造流程化、智能化的方式，同时借助规模集采效应，提高资源的利用率，降低单位成本。

- 在资本运营方面,从供应链的上下游寻找蓝海市场,通过投资入股、并购的方式做大新兴业务,提高资产效益。同时,还设立了产业基金,为多样化融资和投资提供了组织基础。

这五个执行策略和措施虽然没有和企业的战略目标一一对应,却能够作为一个完整的系统运营计划,通过系统的整体提升,全面实现企业的战略目标。

当然,为了这五个执行策略和措施可以顺利实施,A企业也配备了扎实的组织和资源支撑。首先,制定了人才培养与梯队建设制度,将人资管理体系标准化,还新设了"共同创业"的激励机制。这样做的目的是为企业源源不断地输送人才,持续提高组织能力,为战略目标实现路径的具体实施奠定基础。

其次,将制造体系与研发体系有机结合在了一起,让二者可以相互赋能,降本增效——用更少的成本,开发出更符合市场需求的技术和产品。

最后,持续投入建设和优化了MES、PLM、SCM、CRM等核心业务系统,建设全流程实时信息的智能工厂,提高数字运营能力与管理效率。

通过对A企业三年战略规划全部内容的详细介绍,相信大家不难看出,目标的确定来自对市场的洞察,而路径以及执行策略和措施的设置则源自对目标的拆解和分析,最后,组织和资源的支持则须根据路径、执行策略和措施的实施需要而确定，这就是战略规划设计的整体思路。

总之，战略规划属于企业关键的经营决策，需要理性、客观、科学的理论，也需要脚踏实地的方法，还需要有效的决策流程予以保障。

企业经营的实践告诉我们，凡是治理规范合理、决策精准少失误的企业，通常都是因为有合理的组织、流程保障。而创始人一个人说了算的企业，即使发展到较大规模，企业治理水平也相对有限，决策失误难以避免。因为创业成功的经历，往往会给创始人带来过高的自信，导致他们在做决策时更愿意凭经验、凭感觉，甚至有时会为了面子赌气做出决策。在这种情况下，企业一旦进入新的环境或者开展新的业务，就很容易出现决策失误的情况。

这样的案例比比皆是，甚为遗憾，但同样的故事还在不断发生。可见，企业经营管理者，尤其是高管和企业一把手的学习能力以及与时俱进的能力是多么重要！

3.3 坚持干：找到路径和方法，干就完了

企业战略规划一旦制定，就不能摇摆，要坚决持续地执行，这就是"战略定力"。如果定力不足，战略不执行，或者定位、目标年年变，战略就有可能变成投机，变成口号或墙上的标语。

我接触过不少四十岁左右的创业者，他们在向我征求创

业意见的时候，我常常告诫他们不要成为草原上的野狗。草原上的野狗精力充沛，可以几天不睡觉，连续作战。野狗在草原上一开始追赶的是山羊，但在追赶的过程中，看到一只兔子，便转而去追兔子；兔子没追上，看到一只野鸡，又转换目标去追野鸡；看到一处优美的环境，又停下来欣赏休息。原本的目标是追赶山羊，但野狗却没能顶住各种诱惑，见什么追什么，最终什么都没追上，一事无成。

战略定力，其实就像人的定性一样，我们千万不能像野狗一样没有定性。企业的经营也是同样道理，在战略执行过程中，市场、产品潮流的更替和热点的变化，不可能始终和战略规划的一模一样。一旦出现意料之外的情况，必须坚持原来的战略定位，不能学投机的野狗，随意更改目标和方向，把战略变成投机！**不忘初心，持之以恒，保持战略定力，战略规划才能得以执行。**

3.3.1　找到正确的方向，然后坚持下去

从本质上来说，战略其实就是做正确的事情，不论是"看趋势"，还是"想清楚"，归根结底都是为了确保企业可以在正确的道路上，通过正确的方式实现既定的发展目标。

但是正确的事情未必好做，就像一粒种子种在土里，需要长时间的持续浇灌，才能发芽并茁壮成长。在现实的经营中，有很多对企业长远发展有益的工作也需要长时间的投入和执行，才能最终发挥作用。可是，现在大多数的经营管理者都过于急功近利，恨不得在成本

投入的同时，就立刻获得可见的收益。在这种心态的影响下，经营管理者很难保持足够的耐心，坚持做正确的事情。之所以有很多企业在初创阶段可以实现高速发展，但之后却快速陨落，大多是因为没能坚持做好正确的事情。这样的失败案例有很多。

比如，之前凭借《魔兽世界》国内代理权而成为游戏行业巨头之一的"第九城市"（简称九城），在拿下《魔兽世界》代理权之后，就几乎不再投入资源引进或开发新的游戏来扩张自己的业务，而是躺在过去的功劳簿上志得意满，失去了进取的动力，忘记了最初自己是凭借不断创新的业务才得到消费者的青睐的。最早，为了获得《魔兽世界》的国内代理权，九城花费大量的资金购买了单独的服务器，建立了独立机房，满足了游戏开发商暴雪苛刻的条件。但在取得代理权之后，九城却没有继续增加服务器的数量，随着用户数量的暴增，卡顿、掉线的问题越来越严重。不仅如此，针对一些常常出现的Bug和盗号问题，九城也是置若罔闻。这种不作为的态度，引起了用户的强烈不满，有人甚至直接反馈到了游戏开发商暴雪那里。为了照顾用户体验和品牌口碑，在之后的续约谈判中，暴雪并没有继续和九城进行合作，转而选择了网易。

《魔兽世界》的国内代理权被网易获取之后，一直持续运营到了现在，虽然热度和当年相比有一定差异，但依然是游戏行业的"常青树"。而失去了《魔兽世界》这棵摇钱树，九城也曾经尝试过其他类型的游戏，然而，这不但没有带来收益，反而加重了公司的资金压力。最终九城不得不选择转型，开始向数字货币、数字收藏品领域进军。未来九城能够发展到什么程度尚未可知，但想要回到当初国内一流互联网游戏公司的行列，显然困难重重。

企业经营的本质是盈利，而企业在市场上留存的时间越长，能够得到的利益才越多。**只关注当下的利益，而忽略未来的发展，显然是舍本逐末**。换句话说，作为企业经营管理者，我们不能为了当下的蝇头小利，而放弃坚持做正确的事情，拿自己的未来去换取短暂的辉煌。

当然，坚持做正确的事情，听上去是一件简单的事情，但实际上却需要企业经营管理者从如图 3-6 所示的思维和行为等几个层面去提升自我。

图 3-6 坚持做正确的事

1. 明确哪些事情对于企业来说属于正确的事情

"正确的事"这个问题，其实企业的三年战略规划已经予以明确的回答，经营管理者只要按三年规划做就可以了。如果要说得宽泛一些，所有对企业未来发展有利的事情，都可以算作正确的事情，比如组织能力的提升、技术水平的提升、企业文化的塑造、客户关系的维护等。这些工作虽然做起来烦琐，有的甚至还需要大量资源投入，而且在短时间内又无法转变为实际的收益，但是只要我们坚持去做，未来一定能有所收获。

2. 经营管理者须具备"延迟满足"的心理素质

很多时候，正确的事只有坚持做很长一段时间之后才能看到结果，所以作为经营管理者，我们必须具备"延迟满足"的心理素质。所谓"延迟满足"，是指一种甘愿为更有价值的长远结果而放弃即时满足的抉择取向，以及在等待期中展示的自我控制能力。只有具备"延迟满足"的特质，才能避免急功近利，保证自己可以坚持去做正确的事情。

3. 立场坚定，不因外界的声音影响自己的判断

法国的心理学家勒庞在《乌合之众》中曾经写道："在集体心理中，个人的才智被削弱了，从而他们的个性也被削弱了。异质性被同质性所吞没，无意识的品质占了上风。"也就是说，当个人是一个孤立的个体时，他有着自己鲜明的个性化特征，而在这个人融入了群体后，他的所有个性都会被这个群体所淹没，他的思想立刻就会被群体

的思想所取代。

企业经营管理者也一样，我们常常看到有些企业高管参加某个培训或者与某个"智者"、专家交流时觉得别人说的都对，他们回到企业后就会把学到的东西立刻实施，根本不考虑此前制定的战略规划，搞得企业变来变去，员工无所适从。

很多时候，经营管理者明白哪些事情对于自己来说是重要的，也知道自己要坚持去做这样的事情，但在公众认知的影响下很难坚持立场。但就像我们之前曾经说过的，真理有的时候会掌握在少数人手中，不要因为"乌合之众"的认知而放弃我们原本正确的立场。

要记住，**愚者变来变去，智者专注践行。**

3.3.2　执行到位是坚持的前提

战略规划的成功执行需要坚持，但坚持的前提是战略有效、执行有法。如果战略自身就缺乏一定的有效性，那么即便坚持下来，对企业的价值也不大；如果战略准确，但企业执行的方向和方法有所偏差，一样会导致经营的失利。

我相信经过"看趋势"和"想清楚"的系统分析之后建立起来的战略规划，通常不会出现根源性的问题。所以在战略执行的过程中，关键问题就落在战略执行的方法上。从广义的角度来说，坚持做正确的事情，本身就已经是一种方法。但根据我个人的经验，除了这一点以外，企业还要坚持两件事情才能真正确保战略的有效落地实施：一是坚持阶段性复盘,二是坚持用数据说话。

说是两件事情,其实是一件事情的两个方面。无论数据总结和分析得多到位,在具体执行的过程中难免会因为具体情况的变化而发生一些偏差。面对这样的情况,我们显然不能停下实施的脚步。这就意味着,在具体执行的过程中需要面对一些潜在的风险。

所以,这时候就需要通过阶段性复盘,去对比战略具体执行之后取得的结果与预想的效果。为了让对比的结果更加准确,自然需要引入数据系统(见图3-7)。

图 3-7　执行力

一家企业引入了新产品,并制定了一年内增加50%的销售额的战略规划。但在具体执行的过程中,因为市场上出现了一种其他风格的同类型产品,这家企业的新产品的销售受到了影响,没有达到预期的水平。但是从第二季度财务数据分析来看,实际销售额同比增长了45%,充分证明了这款新产品的市场竞争力。所以在接下来的战略执行中,企业依然将这款新产品作为主打,并且加强了宣传力度,通过影响力的扩大实现了销售额的进一步提升。

同样的场景下,如果第二季度财务数据显示销售额只同比增长了10%,那就说明这种产品没有竞争优势。接下来企业要做的就是,对战略进行微调和优化,改变产品的定位或者营销方式,尝试扭转局面。

我们在案例中讲到的,虽然只是一个极其简单的战略执行过程,但对于复杂的战略体系,也是同样的执行逻辑。不论我们有多少战略目标,都要用量化的方式对其进行设置,对于执行过程中得到的结果,同样要用量化的方式进行展示。只有这样,才能最大限度避免主观分析的偏差影响最终的结果。

总结来看,企业经营管理者,尤其企业一把手的**战略定力和执行力**是保障企业战略得以实现的基本要求和前提条件。

第 4 章

高质量经营的逻辑

企业经营的本质是盈利,从财务角度来观察,利润表最能完整表述和反映企业经营的过程和结果。而基于利润表之上的经营漏斗模型,则更能充分展示企业的经营路径、策略和逻辑。

4.1 利润表的深入分析

在讲解高质量经营的逻辑之前,我们有必要先来仔细研究一下利润表。

无论是在和其他企业经营管理者的沟通、交流中,还是在自己经营企业的实践中,我都特别重视财务报表,尤其是利润表。因为企业要想实现高质量经营,经营管理者就必须掌握经营的基本逻辑,而作为能够直观呈现企业经营的过程和结果的利润表,能给企业经营提供重要的指导价值。

4.1.1 收入 – 成本 – 费用 = 利润

事物的根本逻辑,往往隐藏在表面之下。所以,要想了解利润表是如何呈现企业经营的过程和结果的,我们有必要深刻认识利润表的组成(见表 4-1)。

表 4-1 利润表

营业收入	
– 营业成本	
– 税金及附加	
– 销售费用	
– 管理费用	
– 财务费用	
– 资产减值损失	
+ 投资收益	
= 营业利润	
+ 营业外收入	
– 营业外支出	
= 利润总额	
– 企业所得税	
= 净利润	

利润表在对企业经营过程和结果的呈现上,是按"**收入 – 成本 –**

费用 = 利润"这个公式来进行的，呈现形式则是一种上下结构，即首先是收入，其次是成本，再次是费用，最后是利润。利润表呈现的是企业在一个经营周期（月、季、半年、年）内，获得的收入、付出的成本、发生的费用及产生的结果（利润）。它是一个期间报表，既能充分呈现企业在某一经营周期内经营和管理活动的过程，又能充分反映其经营和管理活动的结果。

具体来说，一个完整的利润表通常包含以下四个方面的主要内容：

- 收入，包括营业收入、投资收益和营业外收入等。
- 成本，包括营业成本、（营业）税金及附加和资产减值损失等。
- 费用，包括销售费用、管理费用和财务费用等。
- 利润，可分为营业利润、（税后）净利润等。

通过对利润表中各项数据的分析总结，我们可以清晰地知道，一个经营周期内企业获得了多少收入，付出了多少成本，发生了多少费用，最后是盈利还是亏损。企业的经营质量是通过是否盈利以及盈利多少来衡量的，所以通过利润表的展示和分析，企业就可以清晰地判断自己现阶段的经营质量。

同属于教育培训行业的甲乙两家企业，发展层次比较接近，每年的经营成本和费用也大致相同，总计平均为30万元。某年，甲企业的年营业收入为50万元，乙企业的年营业收入为40万元。通过计算，甲企业的年利润为20万元（=50-30），而乙企业的年利润只有10万元（=40-30），甲企业的盈利水平明显高于乙企业。

次年，甲企业年营业收入、成本、费用与上年维持不变，年利润仍是20万元。而乙企业在这一年加大了销售力度，投入了更多的销售资源，年营业收入提高到60万元。同时乙企业通过管理升级，采取各种管控措施，经营成本和费用依然保持在30万元。因为收入实现50%的大幅增长，而成本和费用没有增加，乙企业的年利润也就提高到了30万元（=60-30）。显然，在第二年，乙企业的盈利水平反超了甲企业。

从盈利的角度来说，甲乙两家企业都实现了盈利，说明二者都具备不错的经营质量。但如果我们把两家企业第二年的营业数据用利润表进行比较的话，不难发现两家企业的营业成本和期间费用（销售费用、管理费用、财务费用）持平，而乙企业的营业收入和利润明显高于甲企业。两相对比的话，盈利更多的乙企业，其当年的经营质量显然更胜一筹。

不少人一定会问，在保持成本和费用不变的前提下提高收入可以提高利润，那么在保持收入不变的前提下，降低成本和费用是否也可以提高利润？答案是肯定的。但是，如果从经营的角度来分析，保持成本和费用不变的情况下提高收入属于经营导向，而保持收入不变的情况下降低成本和费用更倾向于管理导向。当然，这只是显示了经营和管理思维的不同，并不是表示孰优孰劣。一般来说，两者最好能结合在一起，一边提高收入，一边降低成本和费用，这样才能获得更高的经营质量。

4.1.2 利润表的呈现逻辑

从利润表的上下结构排列中可以看到，利润表的呈现形式是从上往下，呈现逻辑是先收入再成本再费用，最后利润。利润表作为一个能够系统呈现企业某一经营周期内经营过程和结果的专业财务报表，其呈现形式、逻辑都内含企业经营的智慧、逻辑。也就是说，利润表不仅能够展示企业的经营质量，同时还能展现企业提高经营质量的基本思路、路径、策略和逻辑。

利润表的第一部分是营业收入。之所以将营业收入放在首位，是因为对于企业来说，不管是主营业务收入，还是营业外收入，都属于经营的源头。换句话说，企业在进行基本的投入后，首先必须抓收入，抓资产的效益，之后才考虑如何降低成本和费用，提高资产的效率。

第二部分是营业成本。企业为取得收入，自然要制造产品，而产品的产出必须有相应的付出，这个付出就是产品的成本。从逻辑上看，成本是为生产或提供产品而发生的，因为有成本发生才会有满足市场需求的产品，而产品是企业生存的基础。但若产品不能在市场上实现销售、取得收入，便是库存，是没有价值的资产，因此，营业收入仍然是第一位的。

企业的营业收入减去为客户提供产品发生的营业成本，得到的就是毛利额。毛利额越多，或者毛利率越高，企业的盈利能力就越强。在此我想强调一下，毛利额或毛利率是一个非常重要的指标。**毛利额是企业商业价值的关键体现**，若一个企业没有毛利额，即收入无法覆盖成本，就意味着企业没有为社会贡献商业价值，无法持续经营，也就没有存在的基础。

第三部分是期间费用。企业在向客户提供产品的过程中，还会产生相应的费用。比如实现销售收入时会产生相应的销售费用，推动内部各项管理职能的执行也会产生相应的管理费用，筹资或资金的管理也会带来相应的财务费用。因为这些费用大多发生在经营期间，所以也被称为期间费用。

企业的营业收入减去营业成本得到毛利额，在毛利额的基础上，再减去销售、管理、财务等期间费用，减去税金及附加、资产减值损失，再加上投资收益就得到营业利润。营业利润越多，或者营业利润率越高，说明企业取得收入、控制成本费用的能力越强。

最后用营业利润加上营业外收入，减去营业外支出得到利润总额，而利润总额减去企业所得税，就是企业的净利润，也就是企业经营的最终结果。净利润越多，或者说净利润率越高，说明企业的经营质量越高。

可见，利润表中内含的经营逻辑集中体现了人们经营企业的智慧，对企业经营和管理有着重要的指导价值。

4.2　经营逻辑

所谓经营逻辑，是指一个企业内外部各种元素之间运作、运行的相互关系、规则、规律和机制。

企业经营是一个复杂的课题，如果"只知其然，不知其所以然"，缺乏深度的思考，就很难实现高质量经营。但在企业的经营和管理实践中，有不少企业一把手常常会"不求甚解"，仅凭"感觉"做经营，仅凭"直觉"做管理。经营方向东西不定，经营策略变化不断，组织架构调整频繁，管理人员的任免经常变换，导致企业没有方向，人人自危，经营质量自然每况愈下。

因此，企业的经营管理者，尤其是一把手，必须深刻理解"生意"的本质，把握企业经营的基本常识和运行规律。其中，首先要搞清楚的是企业的经营逻辑，只有这样才能更准确地把握企业的运行规律。

4.2.1　经营漏斗模型

前面在深度分析利润表时，我们从表中看到了企业经营的过程、结果，以及其蕴含的企业经营智慧、逻辑，也充分了解了利润表对企业经营和管理的指导意义。如果按利润表的形式、结构、逻辑归纳，企业的经营其实就相当于一个从收入到利润的漏斗，我们可称之为经营漏斗模型（见图4-1）。

从经营漏斗模型看，企业经营就是把漏斗做大，也就是提高营业收入，降低营业成本和期间费用，然后再合理合法地降低企业所得税，最终得到更多的净利润。而这，其实也是企业提高经营质量的关键。

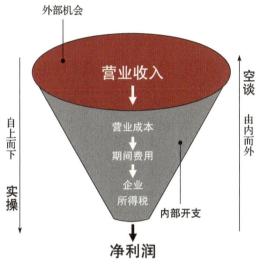

图 4-1　经营漏斗模型

看到经营漏斗模型，或许有人会想，能否把漏斗拉直，即将企业经营的成本和费用降为零，让收入直接等于利润？可以肯定地告诉大家，这样的生意并不存在，因为任何收入的获得都必须有相应的付出。

作为企业的经营管理者，我们不能也没有必要去追求那些虚无缥缈的零成本的生意，甚至都不应该产生这样不切实际的想法。我们要做的是想办法尽量增加收入，同时尽量降低成本、费用，最大限度提高自己的利润，尽量把漏斗做大，提高经营质量。

看到这里，或许很多人会提出疑问：企业的经营逻辑在利润表里已经很好地展示出来了，为什么还要搞一个经营漏斗模型，让问题复杂化呢？

其实是这样的，我认为尽管利润表蕴含了经营逻辑，但利润表更偏重对过程和结果的明示，经营管理者需要深思才能从中推导出经营逻辑。而经营漏斗模型，则更加形象地呈现了企业利润获取的链路，我们从中也可以更直观地了解提高利润的路径和逻辑，甚至以此为基础去推导提高经营质量的具体操作方法。

"人往高处走，水往低处流。"水在漏斗中的流向是从上到下的，同样道理，经营漏斗模型当中的各个操作环节，也遵循从上到下的顺序。

之所以将收入的提高放到经营质量提高的第一步，原因很简单，抛开收入去控制经营成本和降低经营费用，在逻辑上走不通，相当于让水从漏斗中由下往上走，很难提高利润或效果很有限。

比如，一家餐饮企业每月的收入只有10 000元，而经营的成本和费用为9000元，如果经营管理者通过努力把成本和费用降低到之前的50%，这时企业增加的净利润也不过才4500元。换个角度看，如果企业经营成本和费用仍然是每月9000元，但每月收入提高到10万元，此时企业的盈利则能达到9.1万元。

企业的高质量经营，需要持续的收入作为保障，但这个收入不是存在即合理，而是需要达到一定的数量和标准。至于企业的收入应该如何提高，有许多管理类图书都有分析论证，在后续的内容中我们也会分析，因此这里不再过多赘述。

只有收入提高到足够的水平，企业的成本和费用控制才有意义。但在实际工作中，经营管理者往往会违反这个逻辑，习惯把经营漏斗模型从下往上看，不是把更多的精力和资源投入到提高收入这个源头上，而是一上来先抓费用、控成本。这样一来，把大量精力放在内部管理上会导致流程越来越多，管理越来越复杂，反而会影响收入或业绩的提高，最终影响企业的利润和经营质量。

我曾经合作过的企业里的一名人力资源部门高管，在退休之后选择发挥余热，开始自主创业。他本来以为凭借自己在行业内积累下的人脉和经验，经营一个小企业很容易，但没想到经营了一段时间之后效果非常不理想。于是，他找到我与我交流了一番。

在他描述完整体情况后，我发现他犯了一个原则性的错误，那就是过早地将资源和精力投入内部的管理工作。虽然企业前期拿到了一部分订单，但基本都是过去积累的人脉和影响力带来的，而企业的业务逻辑并没有真正得到市场的认可。但他却错误估计了企业发展的态势，没有把前期好不容易积累到的资金用于提升技术、产品及服务等方面，而是把大量的资源用于组织架构建设、内部管理及复杂的流程建立上。结果就是后台变"大头"，产品和销售变"小尾"，业务发展陷入了瓶颈。

总之，企业发展的机会在外部，在市场、在客户，而不在内部；内部的所有动作都是耗费，是成本、是费用。所以，企业的经营只能从"外"到"内",在收入稳定且达到一定水平的基础上,再去考虑控制成本、费用的问题;而不能由"内"到"外",忽略收入,空谈成本和费用。这就是经营漏斗模型揭示的企业经营逻辑。

4.2.2　经营逻辑背后的逻辑:"开源节流"

经营逻辑强调了经营管理者不能本末倒置,正如第一章所分析的"先有经营,后有管理",要先考虑经营的问题,然后再去提高管理水平。当然,这并不意味着管理不重要。相反,当企业的经营步入正轨,收入达到一定水平之后,必然需要通过管理水平的提高来降本增效。换个角度来理解就是,经营逻辑背后还隐藏着一个逻辑:企业要想获取更多的收益(利润),不仅要在经营层面"开源",也要在管理层面"节流"。

之前在读《荀子》的时候,看到这样一句话:"百姓时和,事业得叙者,货之源也;等赋府库者,货之流也。故明主必谨养其和,节其流,开其源,而时斟酌焉。"意思是说,百姓四时和顺,事业有次序,是财富的源头;等级税赋和国库,是财富的支流。所以英明君主一定严谨培养和顺的局面,节制支流,开发源头,时常斟酌变化并加以调节。

古人的言论虽然有提出时的特定场景与环境,却充分阐述了"开源节流"的国家治理逻辑,这是中国古代历朝历代财政管理的基本思想。"开源"就是增加收入,具体来说就是增加收入的种类、渠道、形式或方式;而"节流"就是减少开支,具体来说就是降低成本、节省费用。

可见，企业的经营逻辑其实就是"开源节流"，从抓收入开始，到降成本控费用，再到收支平衡乃至盈余。

4.3 商业模式与经营逻辑

作为一个从事企业经营和管理工作二十多年的人，我发现很多时候看问题的角度不一样，得到的结果也会存在差异。就拿企业经营这件事情来说，从内部的角度来说，影响企业经营质量即利润的因素是收入、成本和费用；但从外部的角度来看，影响企业经营质量的还有很多不同的因素，比如现在非常受关注的"商业模式"。

4.3.1 商业模式的概念

"商业模式"这个词并没有一个约定俗成的定义，北京大学汇丰商学院魏炜教授和朱武祥教授在二人合著的《发现商业模式》一书中，对此进行过深入的论述。他们认为商业模式就是"利益相关者的交易结构"，通常会涉及定位、业务系统、关键资源能力、现金流结构、盈利模式和价值六个基本要素。他们提出的这种"六要素商业模式"，被业内称为"魏朱模式"（见图4-2）。

六要素商业模式实际上是在回答三个基本问题：第一，企业为哪些客户提供什么价值？第二，为什么是"我"而不是别的企业？第三，利润从哪儿来？

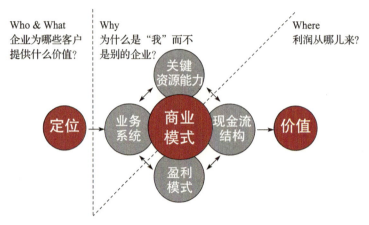

图 4-2 六要素商业模式（魏朱模式）

1. 企业为哪些客户提供什么价值

企业与客户之间，最直接的关系就是供需关系。客户有某些需求，而企业恰好可以提供产品和服务来满足客户的需求，二者之间才能够建立联系、达成交易。所以在思考自己的商业价值时，企业需要先了解自己能够为什么样的客户提供什么样的价值。

比如一家生产电视机的企业，它对这个问题的回答就是通过研发、制造并销售电视机给需要电视机的客户，让客户享受看电视节目的快乐。

2. 为什么是"我"而不是别的企业

这个问题考量的其实是企业的资源和能力，也就是企业（"我"）凭什么能够为客户提供价值。

还是以这家电视机生产企业为例，它可能凭借资金、人才、技术、渠道等优势资源和能力，开发出了业内最好的电视机，从而为客户提供了更优的使用体验；或者，企业凭借自身独特的技术能力，开发出了和市面上其他产品截然不同的新产品，而得到了客户的青睐。

3. 利润从哪儿来

这个问题很直接，就是在问企业的盈利方式，也就是企业是如何获取利润的。

对于一家电视机生产企业来说，利润从销售收入中来，也从成本、费用控制中来。如果企业开发的电视机质量好、受客户欢迎，自然能够提高销售收入。而超越行业平均水平的技术，又使得企业能够有效地控制成本和费用，从而提高毛利和净利润。当然，除了电视机的硬件能获取利润以外，如果企业提供的产品配套软件的质量也非常突出，能提供优质内容或为广告商提供广告资源，那么企业也能从中获取利润。

从六要素商业模式的定义、组成以及回答的三个问题来看，商业模式显然与企业的经营紧密相关、相互对应。所以，企业经营所涉及的基本问题、基本要素或经营逻辑也可以由商业模式来回答或厘清。

比如，经营必须回答企业与外部市场、客户的关系，必须明确企业以什么产品为什么客户提供什么价值，即明确企业的定位；还要弄清楚以什么方式为客户提供产品，即如何搭建企业的业务系统；另外，搭建业务系统中就要明确企业的关键资源能力是什么；同时因为经营面向客户，所以还要弄清企业在提供产品时现金收入和相应现金支出的结构和方式，以及企业的利润来源和盈利模式；最后，经营还要找到企业的价值在哪里。

综上所述，经营需解决服务客户过程中的基本问题，而这些基本问题或要素的重要组合就是利益相关者的交易结构，即商业模式。

4.3.2　商业模式与经营逻辑的关系

商业模式与经营紧密相连，所以商业模式研究的问题大多数与经营逻辑相关，且研究范围更加宽泛，更侧重外部。比如，商业模式研究特别关注企业在市场中的定位、业务系统、盈利模式和现金流结构，而这些都是我们在讨论经营逻辑时没有展开研究的。

从高质量经营的角度来说，"开源节流"只是一个基本的思路，真正应用到实践中时，经营逻辑还需要进一步展开，落实到具体的经营方法层面。而商业模式研究所关注的六大要素，恰好也是经营逻辑进一步展开时需要重点研究的内容。

1. 定位

定位是指企业满足客户需求的方式。只有企业的产品满足了客户的需求，客户才会认可并愿意购买企业的产品，这样，企业与客户的交易（利益）关系才算成功建立。

具体来说，定位包含两个方面：一是企业本身在市场上的定位，即企业要告诉市场自己是做什么的，为客户提供什么产品；二是企业在市场服务对象上的定位，即企业准备为市场中的哪些客户提供服务。从这个角度来说，商业模式中企业的定位是经营逻辑中做大收入的前提。

2. 业务系统

业务系统是指企业选择哪些行为主体作为其利益相关者形成交易关系，同时还包括交易的内容、方式和结构。要建立交易关系，首先要确定交易的主体或角色；其次要确定交易的内容，即产品；最后要确定交易方式，包括预收货款、现金、账期结算等钱货两清的方式。所有这些都是企业经营逻辑中做大收入的关键业务流程，只有业务系统有效运转，才能确保收入的顺利实现。

3. 盈利模式

盈利模式主要涉及三方面的内容，以利益相关者划分的收入结构、成本结构以及相应的收支方式。当然，收支方式对于企业盈利的影响不小，但提高利润的关键还是在于收入结构和成本结构的不断优化。收入结构及其对应的成本结构越合理，企业获得的毛利和净利润也会越多。这与我们前面研究的企业经营逻辑一致。

4. 关键资源能力

关键资源能力指支撑交易结构的资源和能力。一个企业要立足于市场，必须有自己独特的资源和能力，比如高质量、高性价比的产品，充足的资金或者充足的产能等。商业模式中强调的关键资源能力，主要指企业内部的资源和能力，它也是企业资产效率和关键能力的体现。

5. 现金流结构

现金流结构是指以利益相关者划分的企业现金流流入的结构和流出的结构，以及相应的现金流的形态。现金流结构的重点在于平衡，即结构要合理、收支要匹配，这与我们分析现金流量表的逻辑一致。

6. 价值

价值是企业经营结果的另一表现方式。我们讲企业的经营结果，一般是指企业的盈利，这是经营逻辑的自然结果；而商业模式中讲的企业价值，是企业经营结果在市场（如资本市场）上的估值，例如上市企业的股票市值。因此可以说，企业价值是企业未来现金流的一种体现。

了解经营逻辑，能够让我们明确提高经营质量的方向、路径、策略。而商业模式与经营逻辑紧密相关，商业模式研究所关注的主要内容也给企业经营管理者提高经营质量提供了一个更加具象的视角。

第 5 章

高质量经营的组织

高质量经营是由企业中的组织和人来完成的。而企业的组织建设必须以市场和客户为导向，因为只有组织围绕市场和客户转，才能保障企业的高质量经营。

5.1 为经营而组织

具备了高质量经营的前提，领悟了高质量经营的逻辑，就能够实现提高经营质量的目标吗？答案当然是否定的。企业的经营，最终都必须由企业中的人和组织来完成，所以本章我们来研究高质量经营的组织。

企业组织在设立或优化的过程中，必须以高质量经营作为导向和原则。也就是说，企业组织中的流程、机构、授权、指挥、命令、计划、预算、指标、考核、奖罚等都须以市场和客户为导向。

或许有人会说，初创企业在产品开发阶段并不需要市场导向和客户导向，这是错误的认知。因为产品最终是要面向市场、交付给客户的，如果缺少洞察市场和把握客户需求的组织部门和专职人员，那么设计开发出来的产品就会存在很大风险，有可能会因为不符合需求而无法走向市场，也有可能因为成本过高而无法盈利。

这个道理看似简单，但现实当中却经常出现问题。很多经营管理者在企业组织的建设或优化过程中往往会违背经营导向的原则，变成以管理为导向，为管理而管理。最终的结果往往是企业产品定义出现偏差、服务质量下降、业务发展受限。

举例来说，A企业的审计人员在审计销售部门时，发现销售人员在出差过程中存在费用报销作假的问题，于是审计人员建议在企业销售总部单独设立专门的销售费用审核部门，并增加专职定编审核人员2名。但实际上，报销作假只是个别现象，而且真实情况并不是当事员工想要多报销，而是因为他不小心把高铁票弄丢了，改用餐饮发票来顶替而已。

因为这样一件事而专门设立审核部门和增加定编，显然违背了客户导向、市场导向的原则，是为管理而管理。后果是不仅增加了管理费用，更伤害了员工与企业之间的信任，打击了销售人员的积极性。最终，企业服务客户的质量以及业务的开展都受到了严重的负面影响。

类似这样的案例，在企业经营和管理实践中并不少见。因此可以毫不夸张地说，如果不能解决组织与经营之间的协同问题，如果企业组织不能以市场、客户为导向，不能服务于经营，企业就很难实现高质量经营。

5.1.1　如何建立经营型组织

从某种程度上来说，企业在不同发展阶段所需的组织形式是不同的。换句话说，组织形式必须和企业不同发展阶段的业务特性相匹配，只有这样，才能真正建立起以经营为导向的高效率组织。

> 曾被称为"港股直播第一股"的映客公司在刚刚成立的时候，只是一个很小的团队。3个创始人奉佑生、廖洁鸣、侯广凌，分别负责一部分工作，以直播产品服务市场和客户。创立初期，映客采用的是一套极度扁平的业务流程和组织架构，员工可以直接和领导沟通，运转效率极高。也正是这种极其高效的组织形式帮助映客快速上线，并在市场上成功站稳脚跟。
>
> 随着业务的发展，服务的市场越来越大，服务的客户越来越多，员工数量也不断增加，公司的业务流程和组织架构也逐渐复杂化，映客随之进入了发展新阶段。在这个阶段，原来的那套简单流程和部门设置显然已经无法支撑组织效率

的提升,所以映客在原来的架构之上构建了更完善的流程、部门、授权、考核、激励机制,和之前的初创阶段,完全是两种截然不同的景况。

企业的组织形式需要和发展阶段相匹配,但根据经营发展现状随时调整组织显然是成本高、效率低的做法。更合理的方式是从一开始就建立一个能够随着经营发展阶段的变化而自我演进的经营型组织,而这自然就需要一套科学的方法和工具。关于这个问题有许多论著和教科书可参考,在此不一一叙述了,不过我想要跟大家分享以下四个关键流程(见图5-1)。

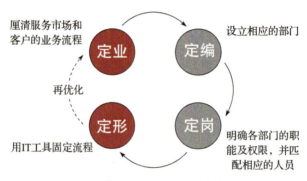

图 5-1 建立经营性组织的关键流程

1. 厘清服务市场和客户的业务流程(定业)

既然企业的组织形式应该根据特定经营发展阶段的业务特性去设计,同时又要遵守市场导向和客户导向的原则,那么,要想建立经营型组织,就必须对企业现阶段服务市场和客户的业务流程进行清晰的定义和描述。

2. 设立相应的部门（定编）

在服务市场和客户的业务流程清晰明了之后，便可以根据流程的拆解，确定关键的业务环节或节点。而这些环节或节点，恰好就是相应的部门应存在的位置，依此，企业就可以设立相应的部门了。

3. 明确各部门的职能及权限，并匹配相应的人员（定岗）

根据不同的部门在整个业务流程中负责的工作，可以清晰判断每个部门的职能和权限。这之后，就可以以此为基础，选择具备合适能力的人员进行填充，完成组织和人员的匹配。

4. 用 IT 工具固定流程（定形）

在厘清服务市场和客户的业务流程，根据业务流程设立相应的机构或部门，明确各部门的功能及权限，并匹配相应的人员之后，还要将这个业务流程和组织形式用 IT 工具固定下来，形成一种特定的阶段性自我复盘、自我成长机制。

明确了建立经营型组织的流程之后，相信很多企业可以根据自身经营的需要去设计合适的组织形式。在这里，我们比较分析两种常见的组织形式：一种是矩阵型组织，另一种是职能型组织。

（1）矩阵型组织

矩阵型组织，是把按职能划分的部门和按产品划分的部门结合起来，组成一个矩阵，使同一个员工既能够同其所在的职能部门保持组织与业务上的联系，又可以参加产品或项目小组的工作，即在直线职能型组织的基础上，再增加一种横向的领导关系（见图5-2）。

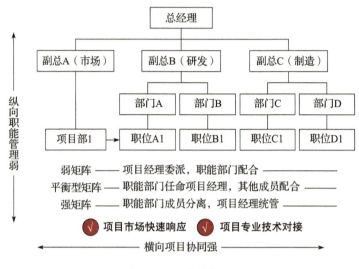

图 5-2 矩阵型组织

在矩阵型组织中，为了保证完成一定的经营管理目标，每个项目小组都设置了负责人，他们在组织最高主管的直接领导下工作。

按项目经理权力大小及项目特点，矩阵型组织分为弱矩阵组织、平衡型矩阵组织和强矩阵组织。在弱矩阵组织中，项目部可能只有项目经理一个全职人员，其他项目成员都是从职能部门调派过来，临时为项目提供服务的；平衡型矩阵组织是对弱矩阵组织的改进，为强化对项目的管理，需要从职能部门参与本项目的成员中任命一名项目经理；强矩阵组织是矩阵型组织的另一个极端，项目团队作为一个相对独立的经营单元，项目经理会自己选择合适的成员组成团队，然后自己来领导一个团队的运作。

矩阵型组织是一种混合体，是项目型组织和职能型组织的混合。其特点在流程和协同上，也就是说，它既有项目型组织注重项目和客户（业主）的特点，也保留了职能型组织的职能特点。这种组织形式将职能与任务很好地结合在一起，既可满足对专业技术的要求，又可满足对每一项目任务快速做出反应的要求。但有时候问题也往往出现在这些地方，因此在矩阵型组织中，沟通文化的建设和沟通工具的应用非常重要。

（2）职能型组织

矩阵型组织能够更好地体现市场和客户的需求，但常常会因为部门和机构的冗杂而导致管理上的混乱。与此种结构的组织形式相反，还有更常见的一种组织形式——职能型组织（见图5-3）。

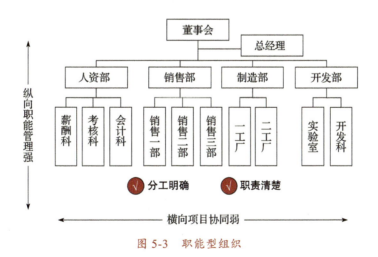

图 5-3　职能型组织

职能型组织最大的优势是部门分工明确、职责清楚，但是它同样有其劣势。首先,容易产生的问题是部门领导"屁股指挥脑袋",导致部门协调能力不好;其次,流程不畅,容易导致组织效率低;最后,经营完全靠一把手把控,需要一把手有非常强的市场、客户导向意识和执行能力,否则组织很容易落入"为管理而管理"的陷阱。

这两种组织形式,对一个企业而言,没有对或错,只有适合或不适合。企业需要判断自身发展的阶段,根据合适的、具备发展性的核心要素去选择组织形式,以完成经营型组织的建立。

在这个市场上摸爬滚打的时间久了,我见过太多企业的兴衰更替。"眼见他起高楼,眼见他宴宾客,眼见他楼塌了。"这些都与企业的战略规划、组织形式紧密相关。

树高万丈屹立不倒,因其有根;浮萍一生随风飘扬,因其无依无靠。无论到何时,组织都不仅是企业战略的承载,也是企业市场和客户导向的根。

5.1.2　组织的效率和管理

经营型组织成立后,如何不断优化,提高效率?这就涉及组织的效率问题和管理问题。

对于企业来说,组织是承载企业战略和提高资产价值的基石,也是员工进行角色定位、充分发挥价值的平台。所以,提高组织效率并对组织进行有效管理以实现组织的提升,是高质量经营不可或缺的重要环节。

组织是由人组成的，所以组织对于企业的员工来说，是确保自身能力得到充分发挥的平台。

微软在比尔·盖茨不再担任 CEO 之后，曾经陷入一段低迷的发展期，营业额不断下滑，企业市值也受到影响持续下降。2014 年，微软现任 CEO 纳德拉接替鲍尔默成为新的领航员，上任之后，他对微软的业务体系进行了重塑，在保持 PC 业务稳定的同时，增加了很多新业务。

很多人认为是纳德拉的大胆改革，才得以让微软从持续低迷的漩涡中抽身而出，触底反弹。事实确实如此，但纳德拉的改革并不是简单的业务调整。在进行战略方向的业务调整之前，纳德拉首先对企业的组织进行了调整，重塑了员工的信念，让他们放弃故步自封的念头，去接受更多新鲜的未来元素。也就是说，微软的业务变革之所以得以顺利实现，很大一部分原因在于组织的提升。

其实企业所有的发展问题，或在发展过程中战略规划、经营策略不能执行到位的问题，归根结底都是人的问题或组织的问题。那么，在实际的经营中，组织的有效管理应该如何进行呢？

关于组织管理，市面上有很多不同类型的管理课程和书籍，接触之后我发现，几乎所有的研究，最终都会聚焦于如何提高组织的效率和能力这个命题。这里面的逻辑很简单，有效提高组织的效率和能力，才能有效承接业务战略的转换，使员工充分发挥个人在组织中的作用，从而确保资产运营的效率，为企业创造更多的价值。而企业组织效率和能力的提高，在我看来必须回归到建立流程型组织上。

以纺织企业的生产车间为例，从纺纱到织造，总共需要经历12个关键环节：清棉、梳棉、精梳、并条、粗纱、细纱、络筒、整经、浆纱、穿经、织造、整理。虽然引入了机械化生产的技术，但一些工作仍然需要人来操作和管理。在纺织企业的生产车间，不同工种的器械和操作员之间前后协同、环环相扣的流程化作业，给我留下了深刻的印象。

根据在电视机、纺织、锂电池等制造企业的经历，结合一些具体企业管理理论和经验，我总结了建立流程型组织的四个关键步骤：明确定位与职能、制定目标、拆解业务流程、设计管理流程（见图5-4）。

图 5-4　建立流程型组织的四个关键步骤

1. 明确定位与职能

组织效率和能力的提高，最终都是为企业经营服务的，所以要保障组织的经营导向。首先,企业组织本身的定位应该是服务客户和市场;其次,在组织内部要尽量避免与组织整体定位不吻合甚至相冲突的部门存在。

实际工作中,要想优化组织内部部门的定位、职能,先要了解企业组织中不同部门和团队的实际情况。企业部门之间定位不同、承担的职能不同,在组织提升时需要注意的内容也不尽相同。比如销售部门的组织提升,强调的是提高销售工作的效率和能力;而人力资源部门的组织提升,侧重提高招聘、培训、考评等人资核心职能的效率和能力问题。

2. 制定目标

明确了不同部门的定位和职能以外,企业就可以根据实际情况去制定相应的目标了。但这里提到的目标,并非提高销售工作效率、提高招聘效率这类简单的目标,而是更加细化、更加准确的具体目标。比如,将销售工作效率提高到之前的 1.5 倍等。而要做到这一点,在制定目标的时候,企业必须对组织内部各部门的现状和未来潜力这两个方面进行系统的调研。

3. 拆解业务流程

业务的开展本身就有自己的流程,而组织设置必须和业务流程相匹配,实现环节与环节之间的闭环和赋能,这样组织的效率和能力才能够得到有效的提高。所以,企业在制定了组织效率提高的具体目标之后,需要对业务流程进行拆解。一般来说,企业的基本业务流程包括从线索到回款（LTC）流程、产品开发（PLM）流程以及供应交付流程等。

4. 设计管理流程

在明晰业务流程后，接下来就要匹配相应的部门，并明确相应部门的职能、目标，再之后则要根据部门与部门之间的业务关系分析各个环节，本着高效执行的标准去设计对应的组织管理流程，并利用信息化工具固化流程。

5.2 人和组织

企业是由人组成的，人组合在一起才形成了组织。所以，无论是建立经营型组织，还是提高组织效率，归根结底还要回归到"人"这个话题上。

换句话说，组织的提升，关键在于对组成组织的每个个体进行有针对性的提升。在讲解如何具体对人进行管理和提升之前，首先要进一步明确人与组织之间的关系。

5.2.1 人是企业永恒的主题

很多经营管理者都经历过创业阶段的艰辛，每天疲于奔命，一手抓产品，一手抓销售，需要耗费大量的精力才能确保企业的生存。在这种情况下，我相信很多人都萌生过寻找创业伙伴的想法。如果创始人能够找到一个跟自己价值观一致、能力互补的创业伙伴，那么企业就会在很大程度上更快步入正轨，实现生存的目标。

一谈到微软公司，每个人脑海中跳出的第一个关键词就是比尔·盖茨，但实际上微软公司的创始人有两位，另一位是保罗·艾伦，只不过他的价值一直被掩盖在微软和盖茨的光芒之下。

回到1975年，如果不是艾伦说服了盖茨一起创业，那么也不会有今天的微软。用盖茨的话来说，"当时如果不是艾伦描绘的蓝图打动了我，也许我还会待在大学里。那么，以后所有的故事就都不会发生了"。

对于艾伦来说，盖茨也是自己的贵人。没有艾伦的高瞻远瞩，也许微软就不会出现；但反过来说，如果没有盖茨，艾伦的雄心壮志也很难实现。可以说，微软是在两个人的互相帮助与扶持下，才从一家小小的企业，发展到了如今的行业巨头。

同样的案例还有很多，艾伦之于盖茨，就如同梁汝波之于张一鸣，张志东之于马化腾。

成功渡过初创期、步入快速发展阶段之后，企业对人才的需要也是无时无刻不在增长的。

之前我在担任创维集团彩电事业本部总裁的时候，为了实现从CRT（显像管）电视向液晶平板电视的转型，我们一方面从内部着力培养有潜力的技术人员，另一方面也从外部招揽了大量的技术人才。正是在升级换代的技术研发团队的赋能下，创维集团才成功实现了技术突破，率先研发了平板电视产品，成功获取了产业转型的先手优势。

在发展的过程中，不只是技术人才，随着业务规模的扩张和市场范围的扩大，企业也需要管理人才、营销人才、研发人才、设计人才、金融人才等多种不同类型的人才，让这些人才融入各个职能部门和分公司，去承担越来越多的具体工作。

即便抛开企业发展的历程，单纯从现在的角度来直观分析，人依然是企业永恒的主题。因为企业的经营战略需要有关键的人来支撑，企业的管理需要由关键的人来实现，甚至企业中各种各样的工作也离不开具体的执行者。

所以高水平的经营管理者通常只专注于一件事，那就是挑选、培养和引导企业员工，然后发动所有企业员工共同努力，达成企业的最终目标。而相比之下，庸碌的经营管理者只会事无巨细，疲于奔命。

5.2.2 组织决定企业发展的天花板

如果说人是承载企业所有商业实践行为的主体，那么组织就是保障企业内部个体能够顺利完成甚至高效完成具体工作的基础。说得直白一些，人负责行动，而组织负责统筹不同的人。

在之前的内容中，我也曾经提到，企业业务层面的发展在某种程度上会受到组织效率和能力的限制。换个角度来说，企业内部组织承载业务的效率和能力，决定了企业未来发展的天花板。比如，如果企业组织只具备线下运营能力，那么就算企业发展到极致，也只能停留在线下业务。但好在，组织的效率和能力可以提高，所以企业发展的天花板也可以上移。如果线下运营的企业想要向线上转移，那就必须在具体的业务转型之前进行部署。

对于企业来说，业务层面的战略随时都在实施，这部分投入是固定的，虽然可以通过内部管理的方式尽可能降低，但不可能彻底免除。而组织提升方面，又需要长时间的持续投入才能看到效果。

依我的经验，企业组织变革或者提升的工作，一般来说应该在企业盈利状况良好的阶段进行。因为只有盈利充足，现金流稳定，企业才有底气大胆开展组织变革或提升工作。如果在企业发展遭遇困境、盈利水平下滑的阶段进行组织变革或提升，很可能非但不能为企业的发展提供正向的引导，反而会拖累企业逆转劣势局面的脚步。当然，具体应该如何做，还要视企业自身的实际情况来定，有时候，尽管有风险，也必须拿出破釜沉舟的勇气。

5.3 人和组织的管理

管理人和管理组织，看似是两件事，但其实是一件事情的两个方面。企业内部的人集合在一起构成了组织，组织又将所有人的能力集中在一起统一调配。在这种情况下，如果人与组织之间没有达成完美的匹配，比如人员的数量超过业务发展所需的组织规模，那么必然会造成人浮于事的问题；反过来，如果人员的数量没有达到业务发展所需的组织规模，则难以达到目标业绩。只有人和组织完美匹配，企业才能确保人力资产的效率，对高质量经营的结果产生正向作用。

5.3.1 定岗定编

对于管理者来说，要想实现人与组织的完美匹配，自然离不开定岗定编这种基础性工作。定岗是指明确企业组织内部部门所需要的岗位，而定编则是指明确企业组织依据岗位设置需要多少适合企业发展的个人。

1. 定岗

要想定岗，首先需要企业对内部各个部门和个人的工作及责任范围有清晰的分析，即所谓的"定责"。只有确定了部门与个人的工作及责任范围，才能规划出合理的组织架构，而在组织架构之上，才能有根有据地去确定岗位。

在具体的工作中，企业需要将自身的发展目标，按照部门不同的工作类型拆解成不同的部门职责。然后再根据履行部门职责所需的关键工种，去判断这个部门当中需要哪些岗位。

比如，某年初，A企业想要在年底实现1000万元的营业收入，但要做到这一点，根据市场上该行业销售人员的平均水平，需要在3月份之前招满50人才能完成目标。同时还需要 2 名客服人员，以及 3 名物流服务人员负责辅助工作。

对于 A 企业的人力资源部门来说，想要为企业输入充足的人员，不仅需要招聘人员去搜罗人才，还需要培训人员去提升新人的能力，而且因为需要的人数较多，可能还需要一个课程设计人员去设计相应的培训课程，或者需要一个外联人员去向外部的专业机构寻求合作以获取培训课程。

总的来说，在 A 企业当中，人力资源部门需要设计的岗位主要有 4 种，分别是招聘岗位、培训岗位、课程设计岗位以及外联岗位。

当然，以上案例当中的岗位设计采用的是穷举法。在实际工作中，为了控制人力成本，在列举完一个部门所需的岗位类型之后，企业会根据岗位的特性，将相似的岗位融合在一起。比如上述案例中提到的培训岗位、课程设计岗位，因为目的一致，其实就可以融合为一个岗位。

2. 定编

在定责、定岗之后，企业就可以根据不同岗位上员工的平均工作能力，确认每个岗位所需的人员数量，形成准确的编制了，即定编。

还是以 A 企业的人力资源部门为例，通过对市场上同类型企业的调研，A 企业发现一个普通的招聘人员每两天大概能招聘到一名合格的销售人员。按照每月 22 个工作日的标准来计算，一名招聘人员在一个月内能够招聘到 11 名销售人员，截止到 3 月底一共能招聘到 33 名销售人员，这距离既定的 50 人标准还有一定差距。即便这 3 个月内招聘人员放弃休息，满打满算也只能招聘到 45 人。同时，考虑到新人入职之后的流失问题，以及其他岗位人员的招聘，至少需要 2 名招聘人员才能顺利完成既定目标。

我们在假设的案例当中，描述的都是一些理想化的场景，实践中的具体情况会更加复杂。但原理还是这个原理，即根据部门职责去确定岗位，然后部门按发展目标去确定编制。

当然，在前置步骤完成之后，企业还需要确保找到足够多能力达标的员工来匹配既定的编制，这就是所谓的定员。定责、定岗、定编、定员，这四个步骤，构成了企业人与组织匹配的具体流程（见图 5-5）。

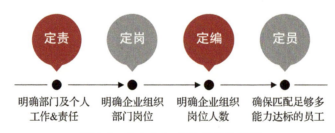

图 5-5 人与组织匹配的具体流程

5.3.2 文化建设

通过定岗定编虽然能够保质保量，让员工与组织适配，但相互匹配并不意味着员工就能如我们设想当中的一样，按照既定的路径和方式去发挥自己的价值。机械的规则虽然能够准确反映一些事实，却无法涵盖情感方面的因素。而人又恰好是情感动物，除了照章办事，我们更习惯追随自己的本心。

在经营和管理企业的实践中，我就曾不止一次发现过这种不和谐的情况。虽然我们按照某些员工的能力模型和具体能力水平为其匹配了合适的岗位，但是他们从内心深处并不认同这种安排，结果就是在其位却不谋其政。

随着与员工之间交流的加深，我逐渐意识到，对于他们来说，企业更像是一个可以帮助他们实现理想的平台。每个人都有自己的坚守和初心，相对于企业规划的路径，他们更想要按照自己的方式去发展。

那么，企业发展的需求与员工个人发展的需求之间的矛盾应该如何化解呢？秉持理性，命令员工按照企业的想法行事，还是遵循员工的意愿，让他们去自由地发挥？这两种方法都不可，前者会损害员工的积极性和忠诚度，后者则有可能会伤害组织，影响企业未来的发展。

既然是认知层面的矛盾，自然也需要从认知的角度出发去解决。如果摆事实、讲道理不能有效说服员工，企业就要通过文化的输出，利用文化潜移默化的影响去感化员工，改变他们的想法。

一个朋友的企业中有一名老员工，他精通绘图和设计，但在企业中负责的却是销售部门的管理工作。这是因为在他刚入职的时候，企业由于业务量不多还没有设立专门的设计部门，相关工作都是从外部找兼职的设计师来做的。后来随着业务的扩张，企业增设了设计部门，我的朋友想让这名员工去新的设计部门组建团队，但习惯了销售部门的工作节奏之后，这名员工已经不想再从事设计方面的工作了。

这时候，我的朋友并没有强求，而是采取了一种迂回的"战术"。在之后每个月的员工会议当中，他都会细致地描述设计部门的一些具体工作，还经常表示设计部门的加入为企业未来发展的使命、愿景、价值观都带来了升华，同时也经常重申希望企业上下通力合作，为之后的发展继续奋斗的企业精神。

我朋友的这种做法，其实就是在用一种潜移默化的方式在影响那名员工。一段时间之后，在这种企业文化的影响与精神感召下，这名员工主动找到我的朋友，表示自己愿意回归设计岗位，发挥更大的价值。

企业文化虽然看不见、摸不着，却对员工的心理认知有着重大的影响力。优质的企业文化能够有效增强员工的归属感、信任感和安全感，让员工与企业之间的联系更加紧密，也会让员工更愿意遵循企业的引导（见图5-6）。当然，企业文化要想形成影响力，就需要时时刻刻的体现以及各个环节的践行。

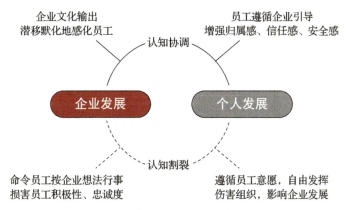

图 5-6　化解企业和个人发展的矛盾

挂在嘴上的文化，说得再多，也很难得到认可；但如果将企业文化融入实际工作的各个环节，融入企业的各种习惯与细节，那么即使不主动向员工传达，员工也能凭借自己的感知，形成与企业一致的文化向心力。

5.4　通过人的提升来强化组织

说是组织的提升，其实归根结底依然是组织内部人的提升。员工的素质和能力提高到更高的水平，组织的能力自然也会水涨船高。那么，组织内部的人的整体素质和能力要怎样提高呢？一般来说，有两个路径可以走，分别是外部招揽和内部培养。

首先，企业可以从外部直接招揽具备自己发展所需能力的成熟人才，让组织直接获得之前没有的能力。这种方式简单、直接，能够在短时间内提高组织的整体能力。但缺点也非常明显：一方面，成熟人才的招揽成本较高；另一方面，从外部引入的人才即便具备企业所需的能力，但在不熟悉企业内部环境和经营特点的前提下，能否融入组织，能否将能力在实际工作中展现出来都是未知数。

其次，企业也可以从内部选择合适的员工，按照企业所需的能力模型对其进行培养。相对于外部招聘来说，内部培养的人才更了解企业，也更适合企业。但培养周期长、投入成本高的缺陷也不能忽略。

总而言之，外部招揽和内部培养这两种方式各有优劣，企业需要根据自己的实际情况及其不同发展阶段选择最适合的方式。

5.4.1　在人的管理上，中基层管理者是关键

很多企业经营管理者认为自己有为员工答疑解惑的职责，所以常常把所有的事情都揽在自己身上，这样做有两方面的弊病：第一，人的精力有限，面对庞大的人员基数和五花八门的具体问题，经营管理者在疲于奔命的同时，也很难彻底解决所有的问题；第二，大树底下不长草，如果经营管理者事事亲力亲为，就会让手下人失去成长和锻炼的机会，这不利于组织的健康发展。

因此，经营管理者更应该做的事情是排兵布阵，让最了解各个部门一线业务的负责人去执行具体的管理工作。从这个角度来说，在人的管理这个课题上，中基层管理者才是关键的因素。

《史记》记载，刘邦和韩信有过一段经典对话，翻译成白

话文如下。刘邦问:"如果去打仗,我能带多少士兵?"韩信答道:"陛下不过能统率十万。"刘邦反问:"那你呢,能带多少?"韩信答道:"越多越好。"刘邦笑道:"既然你比我厉害,为什么还被我所擒?"韩信答道:"陛下您不善领兵,但善于领将,这就是我被陛下所擒的原因。"

由此可见,经营管理者要做的是"领将",把"领兵"之事交给善其事之人会获得更大的回报,古往今来道理是相通的。当然,放权给中基层管理者虽然能够降低经营管理者的工作难度和复杂度,在一定程度上提高管理的效率,但要想通过他们实现对企业所有部门、团队的合理调动,有一个非常重要的前提,那就是经营管理者要有能力,同时中基层管理者要达到一定数量。

头重脚轻的企业,有优质的战略,但缺少必要的执行力;而头轻脚重的企业,执行力强,但缺乏战略远见。这两种状态虽然不理想,企业却可以勉强存活下去。但是,躯干柔弱、中层无力的企业则很难存活。所以,在企业组织中,人的管理是关键,而中基层管理者的数量和质量则是关键中的关键。

从事企业经营和管理工作20多年,我最大的体会之一就是,**用人失误是最大的失误,即所有的失误都没有用错人的失误大**。因此,如何打造一支德才兼备的中基层管理者团队是企业一把手、高管必须要研究的关键课题。

虽然现在很多研究机构提出了许多专业理论、经验和方法,也有很多成功企业的经典案例可以学习参考，但这些终归都是理论层面的助力，要想真正打造一支强有力的中基层管理者团队，企业高管必须亲自下场，建立专门的管理和培养体系。当然，过程中企业也可以借助有经验的外部咨询团队提供的咨询服务来提高相应能力。

5.4.2 重点是机制，执行靠考核

建立完善的管理机制和有效的考核机制是推动、激励团队和员工达到企业经营管理目标，提高员工能力和组织效率常用的方法或工具（见图5-7）。

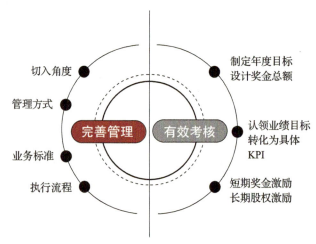

图 5-7　提高员工能力和组织效率的两种方法

1. 建立完善的管理机制

一个完善的管理机制，对于干部来说，就等同于一本工作指南。从何种角度切入？采用哪些具体的管理方式？依照什么标准？按照什

么流程？这些问题，都能在管理机制当中找到准确的答案。

还是以创维集团为例，作为一家产品制造企业，原材料、零部件的采购会直接影响到产品最终的质量和价格，所以对采购部门的管理至关重要。但是，采购经理通常都由部门内部经验丰富的资深采购人员来担任，虽然他们对于实际的采购业务非常熟悉，但在管理方面既无经验，也缺乏技能。为了帮助他们更好地完成管理工作，创维集团为采购部门制定了专门的管理机制。

机制当中明确规定，企业的采购工作由供应商管理委员会统一决策，采购经理负责具体执行。也就是说采购经理在管理的过程中，无须考虑供应商选择的问题，只需要指导和监督采购人员的具体执行即可。如果在执行中出现了自己解决不了的问题，采购经理可以向供应商管理委员会征求意见。至于具体的采购规则、流程和评审标准，创维集团也在供应商管理制度当中进行了具体的阐述和规定。采购经理可以根据既定的标准和流程，对手下采购人员的具体工作进行约束和监督。

可见，建立完善的管理机制、明确管理工作的具体动作以及执行标准，是提高个人和组织的效率、能力的基本方法。

2. 建立有效的考核机制

如果说管理机制是干部的工作指南，那么考核机制就是管理工作执行的尚方宝剑。有了考核机制的硬性指标（KPI），在具体的工作中，就可以在很大程度上实行对员工的激励和管理。

更重要的是，考核机制还能帮助干部更准确地评判团队中每个员工的工作能力，从而更有针对性地制订个性化指导和培训的方案，以提高管理的效率。至于如何建立有效的考核机制，通常可以分为三个步骤：

- 首先，企业需要根据自身在当前阶段的盈利情况制定年度发展目标，并秉持企业获益与员工激励两者平衡的原则，去设计合理的奖金总额。

- 其次，干部需要将企业制定的年度发展目标传达给自己部门、团队中的员工，让他们根据自己的能力水平去认领各自的业绩目标。这之后，干部要对员工自己承诺的目标进行审核，确保其有足够的达成概率，然后就可以将这些承诺转化为具体的KPI了。

- 最后，企业需要将既定的部门KPI按照月、季拆分，并对员工进行月度、季度考核。同时还要按照年度目标拆分的方式，将年度奖金进行拆分，并综合考核制度，设计具体的激励方式。当然，对于那些水平超高、能力超强的员工，除了短期的奖金激励以外，企业还要增加长期激励的项目，比如股权、期权、分红权等。

3. 组织绩效和个人绩效

讲到考核机制，就一定会涉及考核的两个对象：组织和个人，对这两者的考核则分别是组织绩效考核和个人绩效考核。组织绩效是指某组织在一定时间（如一个经营周期）内经营管理目标完成的数量、质量和效率；个人绩效是指组织内某个人的工作表现，具体如指标任务、重点工作的完成情况，个人岗位的业绩结果。因此，组织绩效与员工个人绩效是联动的关系，保证组织绩效高低与员工个人绩效收入成正比例关系是关键，只有这样才能够充分调动员工的工作积极性和创造性。

在经营管理实践中容易碰到的第一个问题是组织绩效和个人绩效考核的责任部门归属问题，即由谁或者分别由谁来负责组织绩效、个人绩效的考核。容易碰到的第二个问题是经营管理者往往把组织绩效和部门负责人的个人绩效混在一起，以为这两个是一回事。

一般来讲，企业发展到一定规模后，组织架构比较完善的话，是由运营部门和人力资源部门分别负责组织绩效和个人绩效的考核工作的，但大多数企业都是把组织绩效和个人绩效的考核归属人力资源部门，由其统一负责。把组织绩效的管理与考核放在企业运营部门的好处是组织绩效考核与企业的运营紧密结合，更有利于企业的日常经营管理诊断和采取相应的管理措施。其实由谁来完成这项工作都可以，只要与企业的组织架构和发展阶段相匹配就好，关键是不能混淆组织绩效与个人绩效，因为两者的侧重点不同（见图5-8）。

组织绩效考核的出发点是组织整体的绩效，所以无论组织考核的对象是企业、企业的下级经营单位，还是企业的职能部门，其考核指标都最好是综合性较强的效益指标，如对下级经营单位来说，考核指标就是利润或毛利额。给职能部门依工作性质分别设计的绩效指标也应是绩效相关的综合性指标，如人力资源部门可以是人均产出（收入、产量、利润等），财务部门可以是投资回报率、资产报酬率，运营部门可以是资产周转率（含应收账款、存货等关键资产的周转率）。在此综合性指标的基础上适当增加一两个重点工作指标，就构成了组织绩效的考核指标。

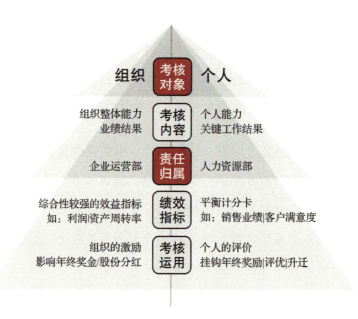

图 5-8　组织绩效与个人绩效

对于个人绩效考核，为避免指标过多，一般用平衡计分卡，选择适当数量（3～5个）的指标设置 KPI，比如销售业绩、客户满意度、团队协作程度、日常学习进度等。经营单位负责人或部门负责人的 KPI 往往与其所在单位或部门的性质紧密相关，所以其个人 KPI 与其所在组织的组织绩效考核指标也紧密相关，个别指标可能一样，如综合效益考核指标可以一样。但要强调的是两者不能混为一谈，组织绩效是组织绩效，强调组织整体能力和业绩结果，个人绩效是个人绩效，强调个人能力和关键工作完成结果。

至于组织绩效和个人绩效的考核运用，也是各不相同的。组织绩效考核结果一般用于组织的激励机制，考核结果直接影响考核对象（组织或团队）的年终奖金或股份分红。而个人绩效考核结果一般用于对个人的评价，直接与年终（或季度、半年）奖励、评优、升迁挂钩。

总而言之，虽然企业员工的管理关键在干部，但作为企业组织，要想提高团队和员工个人的效率和能力，同时必须要做到用管理机制明确工作方法，用考核机制提高执行效率。

03

PART 3
第三部分

高质量经营的三大维度

第 6 章

▼

产品经营：高质量经营的基础

产品经营是企业高质量经营的基础，是企业迈向高质量经营的第一步。企业在此阶段的基本任务就是打造符合客户需求的产品，并成功将产品销售出去，获取产品经营利润，只有这样才能为之后的资产经营和产业经营打下良好的基础。

6.1 产品经营的主要内容

企业经营就是为客户提供满足其需求的产品，从而获得收入、赚取利润的过程。也就是说，企业经营的主要内容有两个：一是产品，这是产品经营的基础；另一个是客户，这是产品经营的中心（见图 6-1）。

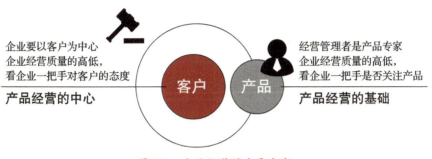

图 6-1 企业经营的主要内容

6.1.1 产品是基础

之所以说产品是基础,是因为产品是企业与市场及客户打交道的媒介,也是双方建立交易的关键,更是企业立足市场的基石。

作为企业的一把手,你可以不懂技术、不懂营销,但是绝对不可以不懂产品。技术、营销、管理等方面的劣势可以请专业人员弥补,但如果不懂产品又不关注产品,那就意味着企业连经营的基础都不具备。在成熟的市场经济中,**高水平的经营管理者必须是产品专家,要对产品有深刻领悟,并具备亲自抓产品设计与规划的专业能力。**

根据之前的工作经历,我发现判断一个企业的经营质量有一个简单的技巧,那就是看企业的一把手是否关注产品。如果一把手对产品没兴趣或不懂产品,甚至一无所知,这样的企业大多经营质量不高,发展不太顺利,也很难有将来。毕竟,**一个真正意义上的企业,只有其产品具备竞争力,才能从根本上确保企业的核心竞争力。**

6.1.2 客户是中心

之所以说客户是中心，是因为企业需要依靠为客户提供产品来获得收入，维持生存和发展。没有客户对企业产品的认可和购买，企业发展无异于无根之木、无源之水。

大多数企业都能意识到这一点，但在实际经营和管理的过程中，却常常有所偏离。很多时候，企业在经营和管理上花费了大量精力，投入了大量资源，却始终没能取得有效回报，很大程度上是因为许多工作并没有以"客户"为中心，或者企业与客户之间的关系存在一些问题。

我们也可以通过观察企业一把手对待客户的态度来判断一个企业的经营质量。如果企业一把手漠视客户的需求，讨厌客户的投诉，这样的企业经营质量往往不会太高，很难有未来。因为**一个真正意义上的企业，只有以客户为中心，才能从根本上确保正确的经营方向。**

6.2 产品经营的基础：产品

产品是企业经营的载体，是产品经营的基础。如果一个企业没有产品经营的理念，或者企业一把手没有对产品经营的深刻认识和思路，那么企业的发展很容易陷入困境。**越是成熟的市场经济，越要坚持产品主义！**

在经营实践中，有不少企业一把手不关注产品，反而更热衷于资源整合，或利用信息的不对称性做生意。不可否认，这样做或许会获得某个阶段的成功，但终究是暂时的投机取胜，长远看很难有发展。

之前在创维集团担任营销总经理的时候，我学习和研究过很多营销方面的理论和方法，比如4P（产品、价格、渠道、促销）理论、定位理论、竞争理论、需求研究等。但是，无论企业采用哪一种理论或方法，前提都离不开产品。

从这个角度来说，**一个有竞争力的好产品才是营销的王道！**苹果手机就是非常典型的一个例子，产品力强，无须太多销售技巧，每款都能销量爆发。所以，提升企业的产品力，是高质量经营的基础，而且企业一把手最好亲力亲为。

要想提升企业的产品力，以我个人的经验，第一要落实"产品是基础"的组织职能保障，即需要在企业内部组建专门的产品规划部门，专职负责产品规划。首先，产品规划部门要结合企业发展战略、市场与客户、行业与技术、关键材料与供应链等制定企业中长期产品开发路线、年度产品规划；其次，要通过立项和项目管理，协调研、产、供、销，推动产品规划的实施落地，为企业的产品力负责。

当然，有很多企业在创立初期，还没有条件专门建立产品规划部门,部门可以暂时不设立,但产品定义、产品规划等职能不能缺位。可以给企业内部的销售、市场等部门配置相关人才,或者由企业一把手来全权承担这个职能、这份工作。总之,负责市场研究、产品定义、产品规划、提升产品力的职能不能缺失,这是"产品是基础"的组织职能保障。

第二,在具体的产品经营策略上,通常是先匹配后提升。具体来说,企业首先要针对现有产品匹配具有相应需求的客户群体,快速在市场上立足;其次,通过扩大产品的品类,提升产品的品质,满足更多客户的需求,提升企业的品牌影响力。

6.2.1 产品适配

企业经营管理者在做产品经营时,首先要解决产品与市场需求的适配问题。我的大多数工作经验都来自在生产制造业企业工作的经历,我们在做产品规划时,面对市场、需求的多样性,免不了会碰到产品的适配问题。

一般来说,在产品适配这个问题上,企业既要有高质量且具备特色卖点的差异化产品,同时也要规划大量的基本盘产品。或许有人会提出疑问:既然企业特有的差异化产品往往具备更高的附加值和利润率,为什么不全部生产这种类型的产品,反而将有限的产能分配给其他普通的产品呢?说到这里,就不得不提到消费者的需求差异这个话题了。

比如，同样面对汽车这种产品，一、二线城市的消费者大多追求品牌调性，更喜欢那些品牌附加值高的产品；而三到五线城市或农村地区的消费者大多追求产品的实用性和性价比，更喜欢价格比较亲民的产品。

当然这只是相对来说，并不是绝对现象。但也从一个侧面说明了，处于不同发展水平的市场的消费者，对于产品的需求有不同的层次，有人需要高水平的产品，同时也有人需要普通的产品。对于大多只能提供普通产品的初创企业来说，找到相对应的适配客户群体，显然是实现盈利、站稳脚跟的最优路径。但问题的关键是，初创企业如何去圈定自己的适配客户群体。

从理论的角度来说，最直接的方法就是对客户需求进行彻底的分析，但这时候不得不面对两个问题。首先，很多企业能力有限，不一定具备这种深入分析的能力；其次，如果企业与客户之间尚未形成有效的连接，没有基础数据作为支撑，即便企业具备分析能力，也是"巧妇难为无米之炊"。所以很多时候，初创企业只能站在广泛经验的角度，甚至凭借商业直觉去进行大致定位。

如果用常规思维解决不了，可以用逆向思维寻找答案。既然主动分析客户需求的方式无法细化，那么企业不妨根据大致的定位去经营，然后让客户主动来找自己。企业可以通过各种渠道的展示，让客户感知到自己的产品的价值和性价比。但是，要想实现有效的吸引，前提是企业对于自己和产品的定位足够精准。

1. 企业、产品精准定位

一个精准的自身定位，能够让消费者在第一时间感知到企业和产品的特性，这一点对于初创企业来说尤为重要。在这个生产力普遍提升的时代，市场上同类型、同水平的产品非常多，如果不能在第一时间吸引消费者的注意力，就会被竞争对手打败。所以，企业在产品经营之初，就要给自己一个准确的定位，让消费者看到自己的优势所在。

有一家开在社区里的蛋糕店，主营产品是可定制的生日蛋糕，还有一些其他的西式面点。从理论上来说，这家蛋糕店的目标客户群体应该是门店所在社区以及周边社区的居民，但这个范围太大了，不够精确。店老板其实对自家店有一个很精准的定位，那就是客户群体聚焦在对生活品质有一定要求、对父母和孩子的健康非常看重的年轻人身上。

于是店老板想了一个办法，进一步确认和优化了自己的主流客户群体。首先，他加入了所在小区的业主群和团购群；接下来，他便开始在群里分享一些自家店的产品，同时，还会把自家产品因使用淡奶油而更健康的优势同步分享给大家。经过一段时间的经营，蛋糕店里的年轻人越来越多，大多数是一些带着孩子的年轻家长，还有一部分是为了给家里的父母购买而前来的。

其实这个老板之所以能成功，就是因为他事先给自己的蛋糕店定好了位，而且一直在努力把自己的店打造成一个受主流客户群体喜欢和需要的样子。

2. 渠道展示

确定了企业和产品的定位之后，企业还要确保这些有关定位的营销信息准确传达给消费者。在这个信息传达的过程中，企业可以利用各种传播手段和工具。例如，一方面可以利用微信、网店、本地服务平台等线上端口扩大影响力，另一方面可以通过招贴广告、门店海报等方式进行线下引流。通过这种线上加线下的全渠道宣传、推广，可以在很大程度上实现营销信息的高效传播。

只要企业对自身和产品的定位足够准确，营销信息传播有效，通常都能得到消费者的回应，而企业也可以顺势完成客户群体的圈定工作。待有了一定的客户基础之后，企业就可以根据客户的相关信息，通过数据分析的方式进一步细化客户画像，让圈定的范围更加精准。

说了这么多关于初创企业客户群体圈定的内容，很多人可能会产生疑问：是不是成熟企业就不需要圈定客户了呢？答案当然是否定的。

对于成熟企业来说，产品经营最重要的工作是在现有水平的基础上继续提升，以匹配更高端市场的需求，从而获取更高的利润。很显然，产品的提升不能漫无目的，更不能盲目尝试，必须有更细分或更高端市场的需求作为引导。从这个角度来说，成熟企业同样需要从面向未来的角度去圈定自己的客户群体。

当然，对于拥有丰富经营经验和强大市场洞察能力的成熟企业来说，这并不是什么难事。其实，成熟企业产品经营的重点和难点始终都是如何在原有成熟体系的基础上，进一步强化、提升自己的产品力。

6.2.2 与其迎合需要，不如创造想要

我相信大多数70后、80后和部分90后的人，都亲眼见证过电视机产品从CRT（显像管）时代向液晶平板时代的演变。对于消费者来说，这只是一种潮流的兴替、主流产品的更迭；但对于生产商来说，却是生产和经营模式的全盘转变。

我在创维集团工作的这些年里，在营销部门工作过，也曾经主导过新产品的开发。所以我深知，只有符合市场预期、能满足消费者需求的优质产品才能对营销产生极大的推动作用。创维集团之所以能够在传统电视机制造企业中脱颖而出，并且在CRT向液晶平板电视转型的过程中依然保持领先的市场地位，很大程度上是因为企业在产业更替的关键时期抓住了产品转型的时机，快速推出了具有竞争力的新产品。从这个角度来说，企业能否把握时代的脉搏，设计、生产出符合市场预期、消费者需求的高质量产品，显然会直接影响经营质量。

根据行业数据调研机构奥维睿沃（AVC Revo）《全球 TV 品牌出货月度数据报告》显示，2020 年彩电产品出货量排名前五的企业分别是三星、LGE、TCL、海信、小米，其中已经有两家互联网企业。其中，具有互联网特质的小米电视机销量更是一路高涨，市场占有率也一直稳步上升，展现出来极强的市场竞争力。之所以会出现这样的情况，主要是因为消费者在电视与互联网交互方面的需求，已经不仅仅是网络点播这么简单，而小米正是抓住了互联网电视机的特点，打造出极具性价比的产品，且充分利用基于互联网的电商渠道进行推广和销售，从而大获成功。

那么，是不是只要企业按照消费者需求的变化，去调整自己产品的类型和特征，就能达成优质的产品经营效果呢？从理论的角度来说确实如此，但在现实当中，不论是产品设计方面的改变，还是产品功能性的延展，抑或是产品底层技术的升级，都需要一定的时间才能完成。也就是说，产品的提升是需要时间的，而消费者的需求变化却是无时无刻不在发生的，等到消费者的需求出现，再去更新迭代产品，显然有些滞后。因此，为了缩小现实与理想的差距，企业要提前规划——**与其迎合需要，不如创造想要**。

所谓创造想要，简单来说就是通过提前预测消费者需求的走向，挖掘消费者的潜在需求，面向未来研发产品，然后在合适的时机激活消费者的新需求，凭借先入为主的品牌印象占据市场主动地位的经营模式。与被动接受市场引导的发展方式相比，主动进行市场教育，制定更适合自己的游戏规则，显然能使企业有更广阔的市场和发展前景。

比如在近几年非常火爆的新消费领域，90后已经俨然成为其中的消费主力军，"得年轻人者得天下"已经成为领域内诸多企业奉行的准则。而面对越来越细化的市场，要想成功俘获年轻消费者的心，迎合其消费心理和消费需求，创造他们想要的产品便是其中一个很重要的方法。

再如，随着经济的发展，生活和工作的节奏会越来越快，消费者对餐饮消费便利性的需求也会越来越强烈。而饿了么和美团正是因为发现了这种潜在需求，借助互联网技术和物流业的发展，率先快速布局完成市场教育，才使得消费者的潜在需求迅速成长为核心需求。

当然，企业在面向未来的同时，也要脚踏实地。因为很多时候客户的潜在需求虽然有成长为核心需求的潜力，但这种转变在企业经营实践中往往具有不确定性。比如说，即使我们能够发现这种潜在需求，以当前的技术和生产力水平，也很难设计并生产出合格的产品；或者即使我们勉强开发出了新产品，也可能很难达到消费者的预期，进而无法起到激活潜在需求的效果。

说到VR（虚拟现实，Virtual Reality）技术，大家应该都不陌生，这是一种通过外接设备将人的感知引入特定场景当中，从而给人以身临其境的真实交互感的技术。现在市场上已经出现了不少 VR 游戏类产品，甚至很多企业已经开始将 VR 技术应用于产品的全方位展示上。但很多人不知道的是，这种以现在的眼光来看都极具未来感的技术，实际上早在 20 世纪就已经被研发出来了。比如，1956 年 Morton Heilig 发明的世界上第一台仿真模拟器，1968 年 Ivan Sutherland 设计的第一款头戴式显示器，1995 年的任天堂研制的第一款能够显示 3D 图形的游戏机 Virtual Boy，等等。只不过，碍于生产水平和技术条件，当时的产品都异常沉重，使用效果也不好。后来，随着技术、生产力水平提升，VR 产品才真正在市场上展露自己的价值。

创造想要，其实就是对消费者潜在需求的激活。但是，消费者千人千面，即使面对同一种类型的产品，不同人也会产生很多不同的具体需求。很多时候，不是每一个潜在需求都能成长为未来的核心需求，但如果某种产品能够同时满足不同消费群体的共同潜在需求，那么它大概率会成为核心需求的一部分。

虽然消费者的需求在不断变化，但这种变化并不是无迹可寻的，关键在于企业的经营管理者是否能够准确、清晰地从微观的角度去分析。只要找到这些潜在需求，就可以有的放矢地去激活了。

我之前一直在强调经营管理者要学会站在财务、数据的角度去分析问题，其实这一点也非常适用于挖掘消费者潜在需求。数据可以真实反映消费者对不同产品的需求，而数据的变化可以清晰展示消费者需求的变化。通过对趋势的把握和产品特性的对比，消费者的潜在需求及其发展态势很有可能就会清晰呈现出来了。

在这里，我还想要提醒一下广大的经营管理者，创造想要或者挖掘消费者的潜在需求，一般不太适合初创企业，因为这往往需要很大的资源投入。初创企业尚处生存阶段，贸然跟进会面临巨大风险。待度过了生存期，有一定资源和实力后，再规划或从事挖掘消费者潜在需求的事也不迟。

当然，这只是我的一个建议，也不能过于僵化刻板地去照搬。比如对于一些初创互联网企业来说，创业之初已经有资本傍身，所以完全可以在消费者潜在需求上进行深度挖掘，开发新产品并大力推广，最终实现高速增长。

6.2.3　产品品牌化

不论是处于初创期还是成熟期，也不论是圈定自己的客户群体还是提升自己的产品水平，企业在产品经营的过程中，都需要进行营销宣传和品牌推广。

在同质化竞争如此激烈的市场上，大家都在抢夺消费者的注意力，而宣传、广告作为触达消费者、传递信息最直接的手段，自然不能被忽略。但是，移动互联网时代的消费者大多对企业的主动宣传持有怀疑甚至抵触的心态。也正因为如此，市场上才会出现所谓的"营销无用论"。其实失去效力的并不是宣传、广告动作本身，而是因循守旧、缺乏有效性的宣传方式和广告文案。

在创维集团营销部门工作的那段时间,我和同事们一起探索出一套相对独特的产品营销方式。其中包含着我们对于产品宣传文案制订的一点心得,在这里分享给大家,希望对大家有所裨益。

1. 让科技看得见

如今,随着科技的发展,高科技产品越来越多,很多优质产品往往内含独特的技术。但对于绝大多数消费者来说,他们并不是科技工作者,所以对这些技术并不了解。这时候就需要一个技术的生活化翻译,即用通俗易懂的语言把产品中的技术特点描述出来,让消费者一看就懂。

2002年,创维集团推出了新一代60赫兹的CRT电视机。在此之前,CRT电视机类型的主流产品是50赫兹的逐行扫描电视机,这种电视机最大的弱点就是屏幕会闪烁,看久了眼睛会疲劳。创维集团通过潜心研究,首先采用提高赫兹的技术来避免闪烁,并开发出60赫兹的CRT电视机,解决了闪烁的问题。当然,新一代60赫兹电视机并不代表屏幕完全不闪烁,而是从技术层面让人们感觉不到屏幕在闪烁,从保护眼睛健康的角度来说更有利。

但是这个技术层面的突破,一般消费者是理解不了的。如何让消费者一听就明白创维集团新产品的优势,当时创维集团营销部门研究了很久,一直没有找到答案。一个偶然的机会,我和创维集团当时的品牌总监赵辉在一起吃饭聊起此事,他灵感一闪,脱口而出"不闪的,才是健康的!",后来随着产品上市,这句广告语也一起上线,消费者一听就懂,最终让新产品大获成功。

2. 简单精练,容易记忆

企业制订产品宣传文案,从表面来看是为了吸引消费者的眼球,但实际上却是为了让消费者对产品、对品牌形成记忆。所以,在制订产品宣传文案的时候,企业需要先拟定一个简单精练、容易记忆的主题,以便让产品深入人心。

"钻石恒久远,一颗永流传",戴比尔斯的这句宣传标语被很多广告行业从业人员奉为圭臬,甚至有人将其称为商业广告历史上的传世之作。但也有不少人认为是翻译的功劳,是国内的译者用诗歌一般的语言将其表达了出来,因此才显得精练而隽永。

但即便是这句广告语的英文原句,"A diamond lasts forever",其实也已经非常精练,足够令人遐想和记忆深刻了。

3. 言之有物,不过度夸张

很多企业的宣传文案为了吸引消费者的关注,会通过过度夸张的手法进行渲染和烘托。比如我们在一些公众号上经常看到的"再不看就晚了""不看会后悔一辈子"等"标题党"文章,就属于此类。这种形式的宣传文案虽然可以一时之间博得关注，但其宣传效果往往有限，甚至很多时候会因为过度夸张而引起消费者的反感。

以我个人的经验来说，一个高质量的宣传文案应该言之有物，简单来说就是有什么说什么。用直白明确的语言或者图表，告诉消费者自己的产品有哪些优点和功能，能够满足哪些需求，适用于哪些场景等。必要的时候，可以和常规的其他类型产品进行对比，凸显自身的独特优势。切记不要过度夸张，不然你所谓的生意很可能会成为一锤子买卖。

4. 图文并茂，深入人心

人类作为典型的视觉动物，对图像、视频、音频的感知明显要比对文字更加敏感。现在很多网店之所以会用视频、音频作为文字介绍的补充，就是为了通过图像、视频、音频来加强消费者对产品的感知。所以，企业在制订产品宣传文案的时候也可以这样来做。

制订产品宣传文案，其实是一个系统的工程，大学也有专门的学科进行研究，在此就不一一赘述了。至于这些技巧如何应用，又该怎么结合在一起最大限度地发挥作用，还需要经营管理者自己在营销的过程中不断摸索。

从产品规划，到产品适配，到面向未来分析客户需求并研发优质产品（创造想要），再到制订产品宣传文案以有效触达消费者（产品品牌化，这是产品经营的基础流程（见图6-2）。在真正的产品经营过程中，仅有基础流程依然不足以保证经营质量，还有一些更加科学有效的理念或原则需要我们遵守和探索。

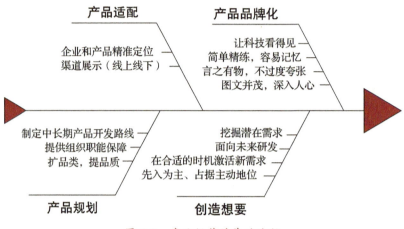

图 6-2　产品经营的基础流程

6.3　产品经营的中心：客户

客户是产品经营的中心，这是经营管理者必须牢记的基本原则。在实际的经营和管理工作中，以客户为中心的产品经营通常包含两方面的内容：第一，为客户创造价值，让更多的消费者接受企业的产品；第二，调动客户内在积极性，让客户成为企业的"合伙人"，借助社交裂变的方式，为企业促成更多的交易。

在接下来的内容里，我们从这两个角度出发，看看在不同的场景下企业应该如何围绕"以客户为中心"的原则进行产品经营（见图 6-3）。

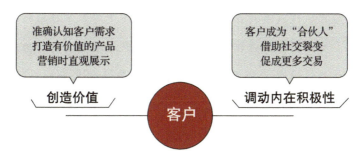

图 6-3 "以客户为中心"的产品经营

6.3.1 为客户创造价值

产品营销的目的是将产品销售出去，但前提是产品必须具备为客户创造价值的属性。只有产品能够为客户创造价值，客户才愿意买单，然后企业才能从中获益。我相信大家平时也会时常作为消费者去购买一些商品，这个逻辑并不难理解。

熟悉华为的人应该都知道，早期华为在国内市场上经历了与众多国外品牌的激烈竞争之后，才逐渐成长为国内第一的通信设备供应商。当时，因为国内的通信设备制造行业刚刚起步，所以相对于不成熟的国内产品，通信服务商对于国外成熟的品牌，比如爱立信、诺基亚等更加信任。在这样的局面下，华为之所以能够打开市场，关键就在于它找到了一条为客户创造更多价值的方式。

当时的国外通信设备品牌有一个统一的规定：如果设备出现问题需要维修的话，从客户打电话保修的那一刻开始，到设备维修完成，客户需要按照时长承担维修费用。即便是外行人也能看出，这就是所谓的霸王条款，但因为对方掌握着核心的技术，所以国内的通信服务商也只能默默地承受。而华为进入市场之后，就做出了承诺，为客户提供免费的售后维修服务。站在服务商的视角，考虑到华为与国外品牌相差无几的产品质量，以及后续的免费售后维修服务，它们清晰地感受到了华为能够为自己创造更多的价值。所以即便当时华为的产品价格与国外品牌相差不多，国内很多通信服务商依然选择了华为。

企业从一开始就把产品经营的目标定为盈利并没有错，但切忌急功近利，因为急功近利的心态不仅会影响打造产品的耐心，导致产品的质量出现问题，还会让消费者感知到企业的浮躁，从而对企业产生不信任感，进而影响企业未来的销售工作的开展。

功利心会蒙蔽我们双眼，让我们看不到自己真正想去的地方。真正优秀的企业家，在创业的时候通常不会去想要赚多少钱，更多是在考虑如何为社会、为客户创造一些有效的价值。比如盖茨和艾伦，他们创办微软的目的是开发商业性软件，盖茨之所以辍学是因为担心错失商机，而赚钱只是后来水到渠成的一种结果。那么在现实的产品经营工作中，应该如何让自己的产品为客户创造价值呢？

最根本的解决方案自然是提升产品满足客户需求的能力。当然，客户需求会随着时间的推移而不断变化，要想达成这一目标，就要求企业必须学会站在客户的角度思考他们有什么需要，然后站在未来的角度，秉持为客户创造价值的宗旨去打造产品，只有这样才能真正源源不断地开发出能满足客户需求的产品。

五菱汽车虽然在市场上声名不显，但在一些特殊车型市场上的销量却名列前茅，甚至还得到了"人民需要什么就生产什么"的美誉，是典型的隐形冠军。

2020年，五菱汽车推出了一款奇特的新能源汽车——宏光MINIEV。之所以用奇特来形容这款产品，主要是因为它和五菱的主流产品大相径庭。其实，如果从新能源汽车的角度去审视这款产品，宏光MINIEV并不占优势。但上市之后，它却得到了众多消费者的青睐，甚至创下了连续九个月霸占新能源汽车销量排行榜第一名的纪录。为什么会出现这种热销现象呢？答案很简单，宏光MINIEV虽然是新能源汽车产品，但它的定位却和主流产品不同。在其他新能源汽车品牌不断向商务、运动型产品靠拢的时候，宏光MINIEV专门定位在短途代步工具上，满足了这个基本的大众市场需求。

在过去的很长时间里，人们都是把电动自行车作为短途出行的主要交通工具，虽然方便快捷，但同时也具备一些不确定的危险因素，比如电动自行车已经成为交通事故多发的主要因素之一。也正因如此，国家开始不断强化对电动自行车的管控，还出台了新的国家标准去限制其速度和规格，这在很大程度上影响了电动自行车的市场前景。

虽然电动自行车的购买量降低了，但消费者对于短途出行的需求却始终存在，这时候体积小巧、外观新潮、性价比较高的宏光MINIEV就成了一个很好的替代品。虽然价格相对电动自行车来说高了很多，但随着人们消费水平的不断升级，自然会有越来越多的人愿意购买一辆性价比较高的汽车作为短途代步工具。

由此可见，产品为客户创造价值的方式有很多，但前提是企业必须对自己主要客户群体的需求有相对准确的认知。

除此之外，从客户的角度来说，在实际体验产品之前，他们并不能确定产品可以满足自己的需求，为自己创造价值。在这种情况下，企业需要在营销宣传的时候，将自身能够满足客户需求的能力进行直观的展示，让客户可以一目了然地理解到位。

6.3.2 调动客户内在积极性

长久以来，大多数企业都会把客户定义为外部角色。但以我的个人经验来看，很多时候客户不只是外部的消费者，还有可能是内部的合伙人，这一点在新消费时代愈加明显。

在创维集团营销总部工作的初期，我思考的主要问题一直是如何将产品相关的营销内容高效、准确地传达给消费者。一段时间之后，我发现将同样的营销内容投放给不同类型的客户会产生不同的效果，不同类型的客户被影响之后，为企业带来的价值也不尽相同。

比如，通过销售数据的对比，我发现相对于一些新客户，熟悉企业的老客户的积极性更容易被营销活动所激发。而且，很多老客户都有主动分享的欲望，在营销活动期间，他们会主动将优惠信息和产品信息分享给有需要的朋友和家人。这样一来，当营销活动当中存在社交分享的内容时，这种客户裂变的效果会进一步增强。

在白酒行业，绝大多数企业采用的都是传统的经销商模式，但有一家公司却另辟蹊径，选择了社群模式并大获成功，这家公司就是酣客公司。

作为一家成立于2014年的新品牌，酣客公司的市场影响力自然无法和其他历史悠久的传统品牌相比。但酣客公司同样采用传统的酱酒酿造工艺，而且也是在茅台镇赤水河畔成长起来的，所以产品质量有保证。出于对自己产品的信心，酣客公司没有像其他品牌一样通过铺天盖地的广告宣传去打开市场，而是选择用质量换口碑，然后以此来打动一批又一批客户。

为了更好地维护与老客户之间的关系，酣客公司组建了自己的社群组织——酣客公社。酣客公社分为三个层级，总社、分社与大队。总社就是酣客公司，分社是各地忠实客户自发组织在一起经过总部认证的社群。分社可以在县域或市域内设立，集合区域内订单后转给总社。大队是自由产生的，由一个"超级铁粉"把他的朋友们拉进微信群，然后大家一起品酒，一起讨论商业趋势。

酣客公司的主要客户群体是中产阶级的中年消费者，其中不乏大量中小企业的经营者。意识到酣客公司的产品可以作为一种社交媒介帮助自己拓展人脉之后，很多大队的组织者以及成员纷纷从粉丝转变为酣客公司的合伙人，开始自己开设酣客酒窖（酣客酒窖有一部分由大队演变而来，一部分由新加入的经营者重新建立），经营酣客酒和私房菜。

每年，酣客公司都会通过酣客公社组织客户参加集体活动，包括酣客节、酱香之旅、酣客游学活动等。各地的分社也会自己组织一些活动，为客户提供一个交流的平台，方便大家拓展人脉，丰富生活圈子。从影响一小部分人，到2022年上半年拥有超过1700家自品牌终端"酣客酒窖"，酣客公司只用了不到8年时间。

当然，不是所有包含社交分享的营销都能换来有效的客户裂变，充分调动老客户的积极性是一个必要的前提。人到中年，最害怕的事情其实就是事业停滞、生活无趣和乏味，酣客公司的社群运营恰好切中了中年客户对于酒这种产品的额外需求，所以才能激活他们主动分享甚至成为合伙人的积极性。

那么在实际的工作中，我们又应该怎样去调动客户的内在积极性呢？对于新客户来说，产品能够为自己创造价值的属性，是卖点；而对于老客户来说，只有熟悉的卖点是不够的，还需要一些额外的惊喜，比如分享酬赏和特权身份（见图6-4），这样才能调动他们主动分享的积极性，从而为企业创造价值。

1. 分享酬赏

在市场经济中，参与者对于利益的追求是其从事商品经营的原动力，客户会因为性价比选择一件产品，同样也会因为一些有效的奖励，而主动将产品分享给自己的朋友、家人。

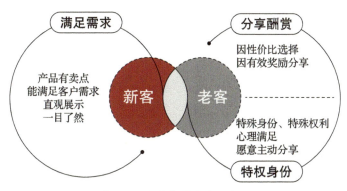

图 6-4　调动客户内在积极性

2. 特权身份

如果说分享酬赏是物质激励的话，那么特权身份更多地就是心理激励。企业可以给老客户一些特殊的身份，比如合伙人、高级会员等，当然也要附加一些特殊身份的特殊权利，包括新产品优先体验权、团购优惠等。虽然这只是一些小小的利益，但对于客户来说，却能带来心理层面的满足感，以此调动他们的主观能动性，让他们更愿意主动分享，甚至承担一部分营销工作。

总之，产品经营是企业高质量经营的第一步，在这个阶段，企业的中心任务，就是把产品做好，把客户服务好，获得基本收益，赚取行业的平均利润。然后再通过规模化经营、技术创新、品牌提升或者企业资产效率提升等，赚取行业的超额利润。这是产品经营阶段经营管理者的基本任务和职责。

第 7 章

资产经营：提高资产周转速度，进而提高资产效率

以客户为中心的产品经营，只是高质量经营的初始阶段。更高水平的经营管理者，往往会在此基础上进行资产经营，通过资产效益和效率的提高，实现经营升级。

7.1 从产品经营到资产经营

在企业的经营和管理实践中，除了基础的产品经营以外，我们也会常常看到非产品经营，比如企业资产的出租或出售、股权投资、承包经营、委托经营、联合经营以及供应链协同等，这些非产品经营一般被称为资产经营或产业链经营。

7.1.1 资产经营的种类和特点

所谓"资产经营",从字面的意思来理解,就是企业对自身所拥有的资产进行经营,并产生收益的行为或过程。

> 比如,很多上市企业通过定增或其他融资方式会收到不少现金,但通常不会将其一下子用完,而会将其留存一段时间。在这段留存期间内,企业大多会用这些现金,通过银行或其他渠道购买一些风险较小的理财产品,从而获取合理的利息收入。现金是企业的流动资产,用现金购买理财而获取利息的行为就是企业的资产经营。

与产品经营只针对产品的特性不同,资产经营所涉及的领域和要素更加复杂多样。根据不同的对象、不同的方式,资产经营可以分为很多不同的种类。

按资产的来源分类,资产经营可分为存量资产经营和增量资产经营。所谓存量资产,是指企业已经添置的资产,比如购置的厂房、土地、设备等,是企业所拥有的确认的资产;而所谓增量资产,是指企业当年或一个经营周期内比期初新增的资产,比如上市企业通过定增获得的新增股金、大股东新投入的资产等。

按资产的形态分类,资产经营可分为实物资产经营、金融资产经营、产权资产经营、无形资产经营等。而按经营的方式进行分类,资产经营的形式则更加多样化,比如实物资产的出售、出租、抵押,股权资产的参股、控股、合资，金融方面的套利交易、证券买卖、期货交易等（见图 7-1）。

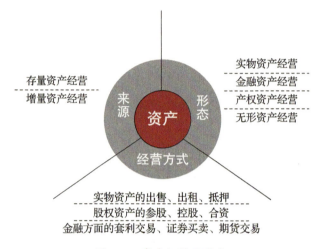

图 7-1　资产经营的种类

虽然形式多样，但整体来说，资产经营的特点主要有以下四点（见图 7-2）。

图 7-2　资产经营的特点

- 第一，资产经营相比产品经营，对企业的影响主要体现在资产的放大效应。一方面，在资产结构优化后，现有资产发挥的作用会比优化前更大；另一方面，在对外投资时可以借助社会资本，这就有了资金杠杆，放大了投资的作用。
- 第二，资产经营是全要素的经营。资产经营的对象是企业所有的生产要素，以及企业外的各种资源。
- 第三，资产经营的方式更加多种多样。产品经营基本是围绕产品的技术创新和价值挖掘、客户获取、交易方式等来进行的，而资产经营的方式有资产本身的交易，有资产的重组整合，也有企业股权的投资入股、合资经营，还有套利交易、保值增值等。
- 第四，资产经营是开放性的经营。资产经营之所以比产品经营更开放，是因为只有企业面向市场，与所有合作伙伴协同、赋能，企业内部资产才能增值。

从资产经营的特征不难看出，企业要想得到更好的发展，必然要在产品经营的基础上，向资产经营升级。

7.1.2 为什么企业需要资产经营

一般来说，企业的经营主要就是产品经营，但在经营和管理实践中，在产品经营的基础上，不少企业也要进行不同程度的资产盘活、租赁、出售、投资等资产经营活动。如果说产品经营是企业经营的起步阶段的话，那么资产经营就是企业经营的升级阶段。

为什么企业在产品经营的同时，还要进行资产经营呢？主要有以下几个原因。

1. 资产配置的要求

企业向生产端投入资本的时候，面对不断变化的环境，尽管会采取各种科学论证、决策工具及规范的决策流程，也难免会出现一定的决策失误或投资失误，这部分失误形成的资产必须盘活并重新配置，以发挥其资产价值。

另外，在某一时期内，企业也会存在一些闲置资产，比如暂时不用的厂房、土地。这时候，企业就应该把闲置厂房、土地出租或出售，以提高闲置厂房、土地的资产使用效率和效益。

2. 环境变化的要求

由于环境的变化和科技的发展，很多原有落后的设备的生产效率不再高，而且会影响企业的生产进步，这时候就必须购进新的技术设备，或者利用技术改造升级原有设备。

2000年左右，在彩电行业第三代显示技术——液晶显示技术替代CRT显像管技术的时候，彩电企业不得不引进新的液晶电视生产线，淘汰旧的CRT电视生产设备。除此之外，企业还有很多设备经多年使用已折旧完毕，只剩下残值，不能再使用，这时候同样要对设备残值进行处置，例如出售变卖或折价投资入股。

3. 全面经营的要求

为了提高经营质量，除了做好产品经营外，企业有必要面对开放的市场，采取一切有利于企业发展的经营活动，充分利用企业的各种生产要素、资源，参与或进行优化配置，重组合并。其中，就包括投资入股等资产经营活动。

7.2 资产经营的本质：让有限的资产更快地周转

从财务的角度来观察，我更愿意把"资产经营"理解为做强资产负债表的经营。一般来说，财务人员习惯于用资产负债表（见表7-1）来说明企业在某一时间节点的财务状况，如年终、季末、月底最后一天的资产、负债、所有者权益状况。反过来说，其实我们也可以从资产负债表的构成着手，寻找资产经营的具体逻辑和方法。

表 7-1 资产负债表结构

资产	负债
流动资产	流动负债 长期负债
长期资产	**所有者权益**
无形资产	股本 未分配利润
资产合计	负债和所有者权益合计

资产负债表是左右式结构，左边是资产，右边是负债和所有者权益。从资产负债表的整体来看，要想做好资产经营，就要优化资产负债表的结构，做大做强资产、减少负债、降低或控制资产负债率，这

样才能获得更多的所有者权益。

当然，我们也可以从更具象的角度入手。首先，从资产负债表的左侧看，一是要优化资产结构，二是要提高资产的周转速度，三是要提高长期投资的效益；其次，从资产负债表的右端看，一是要减少负债总额，二是要优化负债结构，比如降低短期负债的比重，增加长期负债的比重。

> A 企业的净资产为 2000 万元，净有息负债率为 60%，即有息负债（银行贷款）为 1200 万元。其中短期（半年）流贷为 800 万元，2 年期银行贷款为 400 万元，此时对 A 企业来说短期还本付息的压力较大。后来，经过努力，A 企业的短期流贷减为 400 万元，2 年期银行贷款为 800 万元，这时候不但减轻了还本付息的压力，而且企业的现金流状况也得到了较大改善。

这就是通过改变负债结构改变现金流状况的典型案例，也是资产经营的一个典型案例。由此可见，从产品经营到资产经营是提高企业经营质量的基本路径。而资产经营的本质是做强资产负债表，因此资产负债表的逻辑也是资产经营的逻辑。

如本书第一章分析的，资产经营收益的增长有两种途径：一种是对外经营，提高资产效益；另外一种是对内管理，提高资产效率。在接下来的内容中，我们重点来探讨一下如何通过企业资产效率的提高来实现收益的增长。

所谓提高资产效率，是指通过经营和管理的工具或手段使得企业内部资产的周转速度更快，从而产生更多收益的过程或行为。一般来说，资产效益的提高对于提升资产价值来说效果更好、更直接，所以很多经营管理者都会忽略对资产效率的提高。实际上，资产效益和资产效率都能为企业带来收益和绩效，所以企业经营管理者不仅要从外部寻找快速增长的契机，也要关注内部效率的提升。

在从事企业经营和管理工作的这么多年里，我曾不止一次地看到很多从外部看来光鲜亮丽的企业，最后因为资产效率低下的问题而陷入发展的困境，甚至被市场淘汰出局。

> 乐视就是一个比较典型的案例。当年的乐视，想要通过打造完整生态系统的方式来形成自身的独特竞争力，但最终的结果却非常不理想。很多人认为乐视的失败是战略的失败、资金短缺的失败，但是站在经营和管理的角度来看，我始终认为，乐视失败的主要原因应该是资产的低效率运作。
>
> 我们都知道，一个完整的生态系统需要大量且持续的资金和资源的投入。作为国内生态战略建设最为人所称道的企业，小米的生态系统迄今为止也只是初步建立了起来，尚且谈不到完整。而乐视当初在资金储备并不充分的前提下，却激进地选择了全面进军的战略。看似完整的系统下，其实每一个环节都没能得到充足的资金进行赋能。投资的不足，直接导致的结果就是有始无终，资产的运作没有得到有效的结果。资产效率低，浪费严重。

除此之外，在乐视所设计的生态系统当中，很多环节都缺乏必要的盈利点。简单来说就是资金投入之后得到的盈利非常有限，甚至没有盈利。

总的来说，乐视曾经遭遇的所有问题，或多或少都和资产效率低下有着直接或间接的关系。而最终，乐视也正是因为资产消耗殆尽、资金链断裂而走向了失败。

在这个物欲横流的商业社会，太多企业被快钱、热钱冲昏了头脑，一门心思地做着一夜暴富的美梦，甚至不惜压上一切资源去追逐所谓的风口。但实际上，一块腐朽的木料，即便得到了登堂入室的机会，也很难得到人们的青睐。欲治国、平天下者，先要修身、齐家，只有自身的能力足够强，资产效率足够高，企业才能借助机遇实现更好的发展；否则，哪怕机遇摆在面前，也无法抓住。

7.2.1 资产负债表的主要内容：资产、负债及所有者权益

一般来看，企业资产效率的提高，关注的资产通常比较偏重资产负债表上反映的资产，也就是所谓资产负债表的表内资产。那么在现实的经营中，企业的经营管理者应该如何去提高资产效率呢？按照常规逻辑，我们首先要了解一下资产负债表中包含的资产、负债以及所有者权益三个内容。

1. 资产

企业资产负债表中的资产，指的是"企业过去的交易或事项形成的、由企业在某一特定日期所拥有或控制的、预期会给企业带来经济

利益的资源"。通常可以分为两种不同的类别，分别是可以在短时间内变现的流动资产，以及流动资产以外的非流动资产。

流动资产是指流动性好、变现快的资产，如货币资金、应收账款、存货等，企业对流动资产的拥有时长大都在一年内或一个经营周期内；非流动资产是指流动性差、变现慢的资产，一般包括长期投资、固定资产和无形资产等，企业对非流动资产的拥有时长都在一年以上或一个经营周期以上。

2. 负债

资产负债表中的负债反映的是"在某一特定日期企业所承担的、预期会导致经济利益流出企业的现时义务"。通常在编制资产负债表时，我们会将流动负债和非流动负债分组列示。

和流动资产一样，流动负债指的是在短时间内（通常在一个经营周期内）可以顺利偿还的债务，通常包括短期借款、应付票据、应付账款、预收款项、应付职工薪酬、应交税费、应付利息、应付股利、其他应付款等内容；相对地，在短时间内无法偿还的长期债务自然就是非流动负债，包括一年以上或一个经营周期以上的长期借款、应付债券等。

3. 所有者权益

资产负债表中的所有者权益指的是企业资产扣除负债后的剩余权益，也可以简单理解为企业在一个经营周期内的净资产总额，其中包括实收资本、资本公积、盈余公积和未分配利润等多项不同的内容。

从资产负债表的内容中不难看出,所有者权益其实是最终的经营结果,而影响所有者权益的两个自变量分别是资产和负债。

从理论的角度来说,企业的资产越多、负债越少,最终得到的所有者权益也就越多。但在实际当中,就像我们之前提到的一样,当企业的资产总量达到一定的程度时,往往会因为管理混乱而出现内部组织的停滞甚至倒退,进而影响企业的良性发展。而企业的负债,也并不是完全清零就一定是好事,很多时候企业需要一些外部的资本进入,帮助自己在短时间内筹集足够的资金,为之后的发展铺路搭桥。

所以,企业需要做的是通过资产效率的提高,获取更高的单位时间收益,进而提高经营质量,而不是单纯地去增加资产、减少负债。关于如何提高资产效率,我觉得应该从以下两个方面入手:一方面,要通过优化资产的结构、质量和周转速度,让有限的资产能够在单位时间内创造更多的收益;另一方面,还要尽可能缩减不必要的费用,用更少的资产创造更多的价值,从而提高资产的效率。

7.2.2 资产效率提高三要素:结构、质量和周转速度

资产的结构、质量和周转速度,是影响企业资产效率的三个关键因素。

资产结构的定义是:"各种资产占企业总资产的比重。主要是指固定资产和长期投资及流动资金投放的比例。"当然,我们也可以简单理解为非流动资金和流动资金在企业总资产中各自所占的比例。如果企业的非流动资金和流动资金的比例与企业的业务类型不相匹配,比如需要大量流动资金来保障业务灵活性的企业却拥有大量的固定资产,那么其资产效率自然相对有限。资产质量影响的是企业每种类型资产创造价值的能力,而资产周转速度影响的是资产创造价值的时间周期,能力越弱,周转速度越慢,资本效率就越低。

所以,要想提高资产效率,企业需要优化资产结构,提高资产质量,加快资产周转速度(见图7-3)。

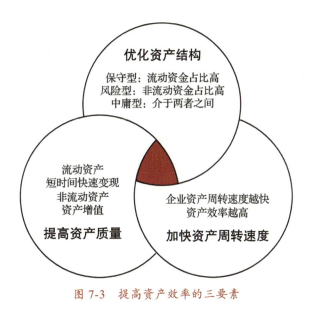

图7-3 提高资产效率的三要素

1. 优化资产结构

根据流动资产所占比重的不同，企业的资产结构通常可以分为三种不同的类型。

（1）保守型资产结构

在这种类型的资产结构中，流动资金占比较高，可以有效降低经营风险。但同时，固定资产的相对匮乏限制了企业的发展速度，所以这种企业的盈利水平相对一般。

很多快消行业的新兴品牌，都属于保守型资产结构的企业。以元气森林为例，企业只需要负责产品的研发、推广等工作，没有太多的工厂和厂房，甚至没有自己的运输团队，产品的生产和运输都是通过外包服务来实现的。这样一来，企业自然也不需要组建庞大的团队，建设或租赁太多的办公场地。总而言之，元气森林的经营战略注定了企业不需要太多的固定资产，却需要充足的流动资产来支付外包服务的费用。这种轻资产的发展路径，使得元气森林可以灵活地应对不断变化的市场，及时地根据潮流的变化去升级迭代自己的成本。只不过，工厂、物流等非流动资产的缺乏，使得元气森林不得不将一部分利润分给外包商，企业的利润空间也因此被压缩，这也是元气森林必须付出的代价。

（2）风险型资产结构

与保守型资产结构恰好相反，风险型资产结构的流动资产占比相对有限，企业资产主要以非流动资产的形式存在。这种类型的企业大多拥有强大的盈利能力，但抗风险能力相对一般，一旦战略制定失误，很难快速扭转。

传统制造业的企业，基本都属于典型的风险型资产结构。以我个人比较熟悉的电视、锂电池制造企业为例，企业通常都会花费大量的资金去建设工厂和升级生产设备，以承载不断升级的技术要求。每一个经营周期结束之后，企业的大部分收益都会被用来建设新的厂房，引进新的流水线。这种情况下，如果能够找到正确的发展方向，在规模效应的影响下，企业可以迅速获取大量收入。

但同时，因为在固定资产上持续、大额的投资，企业能够用来灵活变现的流动资金自然相对较少。而且有不少企业在经营的过程中，会选择用延迟付款的方式从上游供应商手中购买零部件。这样一来，一旦企业面临一些突发状况，就可能会导致现金流出现问题，影响后续的发展。

保守型资产结构和风险型资产结构，各自具备不同的特点和优劣势，但是并没有所谓的高下之分。保守型资产结构的企业会因为保守而成功，风险型资产结构的企业也会因为激进而成功，成功的关键就在于找到适合自己行业、企业的资产结构类型。

（3）中庸型资产结构

这种类型的资产结构介于保守型和风险型之间。如果操作得当，这种模式可以兼具前两者的全部优点；但如果操作失误，也有可能弄巧成拙，被前两者的缺点所影响。不过，如果企业不能确定自己需要何种资产结构，那么选择这种相对中庸而稳妥的选项，也不失为一种合理的选择。

2. 提高资产质量

资产结构的优化只是第一步，接下来还需要提高资产质量，让不同类型的资产都能充分发挥自身的价值。只有这样，企业才能进一步提高资产效率。

要让不同类型的资产充分发挥自身的价值，自然需要企业根据不同资产的不同职能去有目的地强化资产质量。对于流动资产，企业需要强化的是资产的变现质量，也就是在短时间快速变现的能力。当流动资产可以在一个极短的时间内成功变现，那么企业在遇到具体问题的时候就可以迅速做出反应，用最短的时间完成资产的运作，从而高效地解决问题。

> 一个从事零售业务的朋友曾遇到这样了一个经营难题：他的企业跟所在地区同行业的企业相比，没有明显的短板，发展阶段和规模也相差无几，但是盈利水平却远远不如竞争对手，希望我来帮他分析一下。

在综合分析了他的企业和竞争对手企业的具体情况之后，我发现他的企业虽然有充足的流动资金，但资金的变现速度却没有达到理想水平。当上游的供应商需要支付货款时，他的企业通常需要一周甚至更长的时间来准备，而竞争对手企业在这个问题上只需要三天。相比之下，他的企业在资产效率上远远落后于竞争对手，收益自然也跟竞争对手相差很多。

那么，流动资产的变现能力具体来说应该如何提升呢？最简单的方式就是增加现金的存量，减少应收账款、存货的数量，将流动资产变现的主动权把握在自己手中。

与此同时，对于一些非流动资产，比如长期投资、股票债券、固定资产等，企业应该重点关注的是资产增值的能力以及与其他资产组合增值的能力。因为企业的资产是企业创造增量的基础，如果资产的增值能力有限，那就意味着企业的资产无法有效创造价值，资产效率自然也会随之保持在较低水平上。

而非流动资产增值能力的提升，主要考验的是企业经营管理者的能力，需要大家不断提升自己的市场洞察力和内部管理能力，争取做到让每一笔长期投资都能得到有效的回报。

3. 加快资产周转速度

在之前讲解企业资产周转率的时候得出过结论，企业的资产周转速度越快，资产效率越高。在企业不同类型的资产能够合理组织、各司其职的基础上，周转速度的加快可以让资产效率得到进一步提高。

从某种程度上来说，资产周转速度的加快，其实是企业资产结构优化、资产质量强化之后的必然结果。当企业能够按照适合自己的方式去规划不同资产的比例，同时能保证不同类型的资产可以有序、高效地发挥自身的价值时，企业的资产周转速度自然会加快。

7.3 期间费用的预算编制和管控

所谓期间费用，是指企业在经营期间发生的无法归集到产品成本中去的各项费用。具体包括以下三种：

- 第一种，销售费用。指企业销售产品过程中发生的各种费用，如销售环节发生的人工、房租、水电、交通、办公、市场、广告、仓储、售后等费用。
- 第二种，管理费用。指企业管理活动中发生的费用，如管理过程中发生的人工、房租、水电、办公、交通、折旧等费用。
- 第三种，财务费用。指企业财务筹资及资金收支活动中发生的费用，如筹资环节发生的资金利息支出、资金利息收入、手续费用等。

在实际的经营过程中，我们可以把期间费用看作企业经营周期内发生且不能归集到产品成本中的耗费，本身是一种资产损耗。这三种费用是产品经营利润的主要减项，对企业的产品经营利润有直接的侵吞作用。因此，在使资产创造更多价值的同时，也要有效控制经营期间产生的各种费用，从而最大限度地提高资产效率。

7.3.1 期间费用的预算编制方法

管控期间费用最常用的方法是预算管理，简单来说就是根据过往的经验和企业发展的实际情况来编制预算，计算出企业在既定的经营周期内在某一方面可能要花费的金额，然后用这一金额约束实际花费，以实现对期间费用的管控。

在这里，我重点来讲解一下企业应该如何编制费用预算。一般情况下，编制费用预算常用的方法主要有增量预算法、零基预算法。在企业的不同发展阶段，根据不同的战略规划、不同的业务特性，可以有区别、有针对性地使用这两种方法。

1. 增量预算法

增量预算法是以上年度（基期）发生的成本费用水平为基数，结合预算期间业务计划目标及有关预计影响费用的变动因素（如业务增量），通过调整有关原有费用项目、金额等而确定预算费用的一种预算编制方法，又称调整预算法。

从定义中不难看出，增量预算法有几个基本假设：第一，假定原有（上年度）的各项预算是合理的，或者说原有的各项业务是合理的；第二，假定企业业务发展处在持续高速增长期；第三，假定因为业务的增长而增加费用开支是必须的也是值得的。也正是因为这些基本假设的存在，增量预算法相对比较适用于企业的成熟业务，一来有基本的参考基数，二来企业在新预算期间可以采取增量考核来鼓励业务的增长。

但增量预算法也有一些缺陷：第一，假定原有业务和费用是合理的，存在以前预算不完善的风险；第二，假定业务的持续增长有碰到天花板的风险；第三，未能为企业新产品或新业务的发展留出资源，阻碍企业的创新发展。

2. 零基预算法

零基预算法是在编制预算时不考虑以前的业务、费用预算及其执行情况，一切从零出发，从实际出发，在预算期间各项业务规划的基础上，逐项评审各项业务的合理性，并按行业或历年经验综合平衡确定预算的一种预算编制方法，又称零底预算法。

零基预算法比较适合没有同比参照的新业务，能够为企业的创新发展预留资源，保障创新业务的发展。但因为没有参照比对，所以在进行具体的预算计算时，一定要确保业务规划的合理性。若业务规划不合理，配套的费用预算就会出现很大的问题，这是零基预算法的缺陷。

为避免业务预算的不合理性，在使用零基预算法的时候，企业通常会加入预算答辩的环节，以保障零基预算前提的合理性、可行性。

同时，答辩过程也是业务发展的模拟过程，能充分调动各方面发展业务、降低费用的积极性，有助于提高企业的经营质量，但也会带来预算编制工作量大、耗时长的问题。

除了从业务的角度去选择合适的预算编制方法以外，企业也可以按照预算编制的时间特征来确定预算编制方法。

1. 定期预算法

定期预算法是按固定时间编制预算的方法，实践中一般以固定不变的会计期间（如公历年度）作为固定预算期进行预算编制。定期预算法是大多数中国内地企业采用的预算编制方法。中国内地企业的会计年度由会计准则规定为公历年度，即从公历1月1日到12月31日。不过，许多国家或地区的会计年度是由企业自己选定的，比如我国香港特别行政区有不少企业选择的会计年度是从公历每年的4月1日到第二年的3月31日。

定期预算法的优点是比较符合企业的业务特点，比如消费零售行业由于在面对中国的农历春节（一般在公历年的1、2月）这一销售旺季时，需要考虑备货及库存安排，选择公历每年的4月1日到第二年的3月31日的会计年度就更好。同时，这也有利于会计师事务所、券商、律师等中介机构的工作安排，不至于将工作全部集中在年底。

2. 滚动预算法

滚动预算法是在编制预算时依据业务和市场的情况、进度及执行结果随时调整的连续预算编制方法。滚动预算法的预算期与会计年度不挂钩，会随着预算的执行情况及业务变化不断调整补充，并向后滚动，保持一个相对固定的周期。预算滚动时间可分为逐月滚动、逐季滚动和混合滚动。

相比定期预算法，滚动预算法具有及时性强、连续性好、完整性高等优点，但也存在专业性要求高、预算编制复杂、工作量大等缺陷，所以滚动预算法在企业中的应用不如定期预算法那么广。

总之这些预算编制方法各有利弊，企业应该根据自己的实际需要去选择（见图7-4）。选定预算编制方法后，实际编制预算的流程和步骤就比较简单了（见图7-5）。具体步骤如下：

- 第一步，成立预算工作小组，确定预算单位、范围、编制方法等。
- 第二步，发出预算通知，明确预算模板、填报方法、时间要求等，并组织相应培训。
- 第三步，汇总各单位的预算结果，审核并找出问题，进行专项沟通以纠正问题。
- 第四步，汇报预算初步结果，讨论问题，调整修改。
- 第五步，将预算下发给各单位征求意见，汇总意见，汇报协调，调整修改。
- 第六步，上下反复多次，最后定稿，通过流程审议，发布实施。

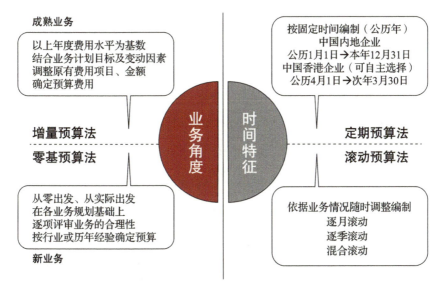

图 7-4 费用预算的编制方法

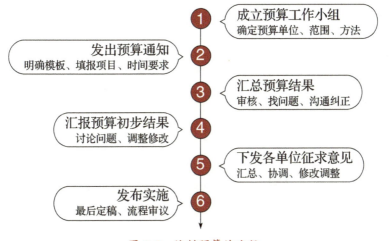

图 7-5 编制预算的流程

7.3.2 期间费用的管控方法

企业在编制好预算之后,还要在实际经营的过程中,不断地对预算进行管控，只有这样才能实现期间费用管控的目的。接下来，我们就来一起了解一下期间费用的管控方法。

1. 确定预算额度

在期间费用的预算编制过程中，企业内部一定会碰到预算额度的问题。在这个问题上，不少企业往往会凭借主观的臆断去制定，结果常常因为预算不足或者超支而影响业务或工作的正常开展。可见期间费用预算额度是预算管控工作中一道必解的难题。在实际工作中，期间费用预算额度的确定，可以参照以下思路：

- 首先，期间费用预算必须和业务、管理工作的具体规划相匹配。
- 其次，要对期间费用进行分类，因为不同类别的期间费用的特点也不同。
- 最后，通过预算费用管控的方法，参照上年同期企业或行业的数据确定预算费用的额度。

至于具体的预算费用管控可以分三步走：

- 第一步，销售费用在与销售业务预算匹配的前提下，通过销售费用管控方法（销售费用率），比较上年销售费用率（额）来确定销售费用额度。
- 第二步，管理费用在与管理工作规划匹配的前提下，通过管理岗位定编、工资薪酬，并比较上年管理费用率（额）来确定管理费用额度。

- 第三步，财务费用在与资金计划匹配的前提下，通过财务费用率，并比较上年财务费用率（额）来确定财务费用额度。

2. 费用超支管控

很多时候，虽然确定了预算费用的额度，但在实际经营中往往会发生一些意外的变化，比如预算不足。这时候，为了确保业务的顺利进行，企业不得不临时增加预算，结果便会导致费用超支。为了确保期间费用的有效性，企业有必要对超支的费用进行管控。那么管控的标准是什么呢？很简单，那就是超支部分的费用是否能够创造价值。超支部分的费用如果不能换回更多的收益，显然就是没有必要追加的。

但是，业务、经营和管理工作确有必须增加预算时该怎么办呢？切不可随意增加，不能由主要经营管理者拍脑袋说了算。一般是在经营周期的某个阶段（如半年）调整增加预算，或者临时召开预算决策会议决定增加。总之，增加预算费用必须按照预算流程进行，因为，费用预算一者必须经过科学规划和测算，二者必须具备内部严肃性与合法性。

3. 费用节约奖励

我们知道，提高人的积极性、工作效率和能力可以节约预算，但无论是员工也好，管理者也罢，他们的主要任务都是执行企业制定的经营战略，然后从创造价值的动作中获取自身的收益。也就是说，企业费用的节约对于他们来说基本没有任何益处，自然也很难在这个方面调动他们的积极性。但反过来,如果能够想办法让他们从预算缩减中得到相应回报,相信他们的积极性一定会被调动起来。

费用节约奖励常用的方法是制定预算费用节约奖,即从预算费用节约金额中拿出一定比例的金额直接奖励给部门或员工,或者奖励休假、加薪、升级等(见图7-6)。

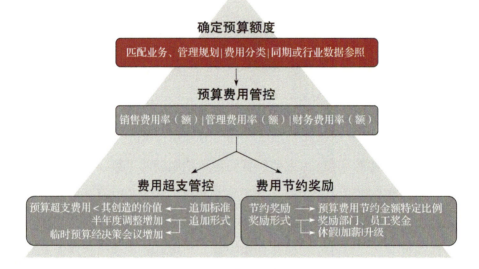

图 7-6　期间费用的管控方法

上面提到的那个从事零售业务的朋友,他在制定出差食宿标准的时候,定下了每餐150元和三星级酒店的上限条件。之后他发现,员工出差回来之后,基本上都是按这个最高标准来报。这说明了两个问题,有的员工为了自己能吃得舒服、住得舒服所以选择了实报实销,有的员工很可能没有花那么多钱，却要求酒店和餐厅按最高标准来开发票，就是为了从中获益。

为了避免这种问题的屡次出现，在我的建议下，朋友在原来的差旅费标准上，增加了节约奖，给予员工预算费用节约金额的 50% 作为奖励，或者额外奖励员工休假。之后，越来越多的员工为了得到更多的节约奖或假期，开始主动去缩减出差时的各项费用。

关于期间费用管控，我们要谨记，企业的资产是能够用来创造价值的全部资源，如果不能将每一分、每一厘都用到极致，那么那些被浪费掉的资源聚集在一起，很可能会让企业失去与其他高效企业相抗衡的机会。

7.4 股权资产经营

前面重点分析了企业资产经营的内容和方法，接下来我们重点从股权经营的角度分析企业的资产经营。企业的股权资产经营通常可以分为两个部分，其一是对外股权投资，其二是对内股权经营。两种经营方式针对的对象不同，经营的侧重点也有所差异。

7.4.1 对外股权投资

股权投资是指企业组建专业团队，利用产业地位、各种资源，通过运用资金、资产等方式对外投资入股、并购、出售等方式获取收益的经营活动。股权投资的主要目的是获取收益,提高企业的整体经营质量,另外还有一个目的,就是业务协同。

1. 获取收益

这是企业股权投资的基本目的,企业通过股权投资可以使得资产升值,升值后通过公开市场的股权交易或证券交易,获得投资利润,这也是我们常说的投资利益化。

腾讯是股权投资的高手。据新浪财经综合外媒援引华尔街日报中的数据,至2020年腾讯持有约100家上市企业的少数股权,获得了总计1200亿美元的未实现收益,仅2020当年腾讯的对外股权投资额就接近170亿美元。监管文件显示,腾讯在"非上市股本证券"上也投资了约190亿美元,其中似乎包含风险投资。

2020年腾讯投资组合中最大的收益来自美团、拼多多、新加坡电商及在线游戏公司Sea以及京东。截至2020年底,腾讯在美团和拼多多的股权分别相当于腾讯在投资期内支付股份投资额的10倍和20倍。另外,对快手、蔚来、暴雪、滴滴、Snap等公司的投资,也为腾讯带来了丰厚的回报。

2. 业务协同

在获取收益的基础上,很多企业会通过股权投资的方式和其他的合作对象建立更加深入的合作关系,实现二者之间的业务协同。而在实际的投资工作中,业务协同也有三种不同的目的:第一,为了获得业务投资客户，从而快速推动业务发展，这就是所谓的投资业务化；第二，为了稳定供应链而投资，从而深化供需合作深度；第三，开放平台，做大生态系统，从而促进企业主业做大做强（见图7-7）。

图 7-7　对外股权投资的目的

讲到股权投资的业务协同，腾讯也是这方面的佼佼者。关于腾讯股权投资的目的，马化腾在回答《腾讯没有梦想》（公众号"乱翻书"发表）一文时做出了解释："投资的原因是从腾讯核心优势出发，从QQ开始我们就意识到社交产品的核心优势是流量。除了自主开拓多条事业线利用好这些流量以外，把不核心的、不专业的项目通过投资交给其他更合适的团队去做，如此更能将资源利用和效益最大化。"

腾讯投资的对象大多是私营初创企业，这些企业的产品和服务要么可以补充其现有业务，要么可以帮其加深对新技术和市场的洞察。例如，腾讯2014年投资了大众点评，大众点评于2016年与外卖平台美团合并。随后，腾讯又对合并后的美团进行了更多投资。腾讯还在2016年投资了电子商务公司拼多多，部分原因是想要推动微信支付的更多使用。

总的来说，股权投资可以让企业有限的资源，尽可能多地创造价值。而在实际的经营中，企业的股权投资也有多种不同的形式：

- 第一，入股。入股的多少依据投资的目标而设定，可以是财务性质的小份额入股，也可以是控制性质的大比例入股。
- 第二，兼并。出于业务发展的需要，对被投资企业，直接取得全部或部分控股权。
- 第三，委托经营。维持资产所有权保持不变，把资产经营权放权给合格的经营和管理团队，以实现资产的保值和增值。
- 第四，联合经营。用企业的部分资产与合格的经营和管理团队的资产一起组建合营公司。
- 第五，资产租赁。把企业的一部分资产通过租赁的方式交由合格的经营和管理团队经营，企业收取租金收益。

当然，无论采用何种形式，股权作为能够影响到一家企业最终归属和利益分配的重要资本，在对外投资的时候，必然会涉及很多复杂的思考。不是所有的企业都能进行股权投资，更不是所有的股权投资都能成功换来收益。那么,股权投资的关键究竟是什么?我觉得以下几点很重要。

1. 企业的产业地位

企业只有在主业做大做强的基础上,才有相对丰富的资源进行股权投资。比如,企业如果处在产业的头部地位,对上下游的影响显然会很大,可选择的投资对象更多,在谈判时也更容易占据有利地位。

2. 关联性投资

企业的股权投资最安全的边界是业务上的关联投资,这样投资的好处在于企业对关联的上下游企业比较熟悉,易于理解其业务。同时,也有利于通过投资加强业务合作。

3. 要有专业的团队

股权投资是专业的资产经营,比产品经营更具挑战性。一方面,股权投资的资金往往会利用杠杆,风险更大;另一方面,如果企业对被投资对象的业务不熟悉,风险也更大。

说到股权投资专业团队,腾讯的团队也是最优秀的团队之一。为了股权投资的专业化运作,腾讯专门成立了投资委员会,负责制定股权投资战略,并对关键交易做出决定。核心人员包括创始人兼CEO马化腾、总裁刘炽平和首席战略官兼高级执行副总裁詹姆斯·米切尔(James Mitchell)。米切尔曾是高盛的前研究分析师,他领导着一支由交易专家组成的团队，负责执行和管理腾讯在全球的投资。米切尔的任务是让交易顺利完成，但总裁刘炽平对投资是否达成交易拥有最终决定权，他曾在高盛集团任职，是董事会投资委员会主席。

股权投资虽然复杂，但企业发展到一定高度的时候，必然会涉及这种经营的模式。所以，提前了解股权投资对于企业的未来发展并没有坏处。

7.4.2 对内股权经营

除了对外的股权投资以外，企业还可以对内经营股权资产。对内股权经营的主要目的，通常是提高企业资产的经营效率和效益，具体采用的方式一般有三种：内部股改、承包经营、委托经营（见图7-8）。

1. 内部股改

这是一种让企业内部员工（主要是核心经营和管理团队）入股，以调动他们的积极性，增强其归属感、安全感，建立共同创业、共同奋斗的文化的对内股权经营方式，这也是一种长效激励机制。

华为是一家全员持股的民营企业，通过工会实施员工持股计划。华为的员工持股计划就是一种典型的对内股权经营方式，这一方式对华为的发展起到了非常重要的作用。

华为内部股权有四个特点：一是虚拟受限，内部股权由华为工会持有，自然人股权不在工商局登记，没有一股一票的投票权，只有分红权与股价的增值收益权；二是全员持股，股权高度分散；三是有内部退出机制，员工离开企业时，华为会回购股权；四是内部股保持每年分红。当然，华为的内部股权激励随着环境和业务的发展，也在不断地优化。

2. 承包经营

这是一种基于企业内部某项资产，对核心经营和管理团队设定基本经营和管理目标，实行超额激励或虚拟股权分红的资产经营方式。采用虚拟股权，实质上就是为了将股权资产的所有权与经营权分离开来，保证企业自己掌握绝对的股权，从而确保资产的安全。

当然，不是所有的经营和管理团队都有承包经营的权利。企业通常会对经营和管理团队进行能力考察、考核，确认通过之后，才会给予其承包权。同时为了确保经营和管理团队高效完成承包经营的任务，企业往往采取象征性的抵押承包或担保承包方式，以强化经营和管理团队的责任感，调动其自我动力。

3. 委托经营

委托经营与承包经营相类似，即把企业的某些资产委托给其他经营和管理团队，经营和管理团队收取相应管理服务费或参与分享收益的一种资产经营方式。这种方式，既可以对内也可以对外，酒店管理服务公司用的就是典型的委托经营方式。

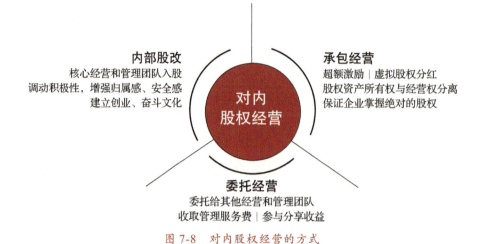

图 7-8 对内股权经营的方式

总之，企业经营的基础是产品经营，在做大做强产品经营的基础上，企业出于全面经营及全面提高经营质量的目的，自然会从产品经营发展到资产经营。

第 8 章

产业经营：围绕产业链上下游经营

企业无法脱离产业单独存在，无论产品经营，还是资产经营，归根结底都是企业发展要素的经营。当企业发展到一定程度，往往会尝试去开放的产业环境寻找新的利润增长点，此时，产业经营也就顺理成章成为企业经营新阶段的重要课题。

8.1 从资产经营到产业经营

通过第 6 章和第 7 章的分析，我们已经明确了产品经营是企业通过制造产品或服务，满足市场、客户需求，从而获取收入、利润的行为或过程，而资产经营是通过盘活和经营企业资产提高资产效率从而获得收益的行为或过程。二者的目标是一致的，都是为了提高企业的经营质量。但不可否认的是，随着企业自身不断发展，行业整体水平不断进步，通过产品经营、资产经营提高企业经营质量的难度会越来越高。

以产品经营来说，过去投入一万元去提升产品的技术、外观设计，或许就能得到消费者的普遍好评；但是现在，随着消费者审美、需求的提升，以及行业竞争水平的提高，很多时候即使投入十万元去提升产品的技术、外观设计，恐怕也很难得到所有消费者的认可。

从 1 到 2，和从 99 到 100，看似都只是增加了 1，但其难度完全不同。道理其实很简单，就像开车一样，起步的时候，初始的加速度是非常快的；但当越来越接近车的性能极限值时，即便拼命踩油门，速度的提升速率也会逐渐放缓。企业经营也是同样的道理，当企业发展到一定的程度，要想继续通过产品经营、资产经营的方式实现后续的发展，难度会不断提高，经营质量的提高也会越来越难。

当企业在一个相对封闭的独立系统运行时，自身的发展会存在固定的边界。就像我们之前提到的企业生命周期理论所讲的那样，所有企业的发展都有自己的极限，在达到巅峰之后，往往会开始走下坡路。而要想延长企业的生命周期，让极限点晚些到来，最好的方式就是通过外部思维的引入和外部趋势的引导，去找到新的经济增长点，进而优化资产的结构和质量，进一步提高经营质量。

8.1.1 企业是产业链中的一环

所谓"产业经营"，简单来说就是企业将自己的"生意"与行业、产业链相关联，实现产品经营、资产经营与产业协同发展，进而获取产业协同收益、提高经营质量的过程和行为。

当然，这不是一件简单的事情，有一些难点必须克服。

第一个难点：一般来说，企业大多喜欢孤立地进行决策和经营，很少把自己当成产业链当中的一环，即很难充分且清晰地认识到自己在产业链中的角色定位，从而很容易落入"内部思维"的陷阱。虽然有时候企业也会通过行业判断、供应链整合、经营和管理协同等方式参与产业经营，但多是条件反射式的被动适应，缺乏主动的产业经营行为。

第二个难点：即使企业对技术趋势、未来需求的判断准确，且开发了相应的产品，但由于产业链不成熟，相关配套技术、供应、需求不同步，也有可能导致新产品的失败。

近些年，随着互联网技术的快速发展，"电视盒子＋普通电视"的产品组合开始不断冲击和侵占原来的传统电视机市场。但很多人不知道的是，早在20世纪90年代互联网技术方兴未艾的时候，微软与国内几家厂商联手，推出了"Web TV"这种类似电视盒子的产品。

单纯从电视机行业出发，"Web TV"这种产品绝对是未来整个行业的发展趋势，属于潜在的消费热点。但微软却忽略了一件事情，那就是当时相关产业的发展并没有达到能够支撑这种新产品得到市场认可的水平。网络供应商的能力有限,使得内容传输速度非常有限;硬件设备生产行业的水平不足,限制了内容的呈现质量;而内容行业尚未考虑到网络传播的渠道,也导致了可看内容的严重匮乏。

总的来说,微软当年推出的"Web TV"之所以失败告终,并不是因为自身的产品设计方向或经营理念出了问题,而是由于当时的相关产业发展层级不够高,无法将产品经营逻辑有效转变为现实。

相关产业的发展态势虽然不会直接影响企业的发展,却可以通过影响市场的方式对企业造成间接影响。比如,当汽车销售行业整体不景气的时候,零配件生产商、组装厂等相关产业的企业,都会受到需求降低的影响而陷入发展的低谷;反过来说,当汽车销售行业整体发展态势良好的情况下,零配件生产商、组装厂等相关企业也会得到更多的订单,获取更多的利润,成功实现更高质量的经营。

今天的企业与行业之间的联系已经越来越紧密:首先,产业细分,相关行业之间的相互依赖性越来越强;其次,产业衍生,诞生出越来越多的相关行业。所以,企业要更加重视相关行业、产业链对自身的影响(见图8-1)。

1. 产业细分,强化了相关行业之间的联系

在过去的很长一段时间里,为了尽可能地控制成本、增加收益,很多企业往往会把产业相关的绝大多数业务把持在自己手中。但随着

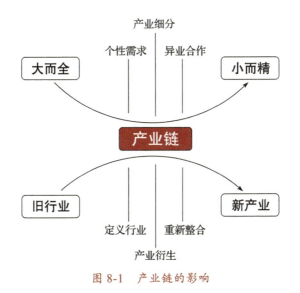

图 8-1 产业链的影响

市场和消费者的逐渐复杂化，企业经营的难度也在不断提高。在这种情况下，为了充分体现自身的优势，企业往往会选择从特定的业务入手去发挥自身的专业优势，满足消费者的个性需求。**从"大而全"到"小而精"的演变趋势，决定了今天的很多产业会按专业化的路径分化成多个不同的行业，且由各自专业的企业去经营。**

过去在餐饮产业领域，餐厅除了原料生产以外，其他的诸如原料采购、门店设计、餐具采买、菜品制作以及相关服务等关键环节，大多是由餐厅自己来承担的。而如今餐饮产业已经更加分化。除了菜品制作和相关服务依然由餐厅负责以外，原料采购有专门的供应商提供服务，门店设计有专业的设计公司负责，甚至连餐具采买和后期清洗都有了专门的外包服务公司。

如果深究的话，产业细分，其实也是在塑造新的行业。原本可能只是企业业务体系当中的一环，但在产业细分之后，则有可能成为一个全新的行业。**产业细分，不仅仅意味着企业从"求全"转向"求精"，同时还说明了一个事实，企业需要与其他行业的企业进行合作，才能实现完整的产业经营。**

还是以餐饮产业为例，之前大多数的餐厅都以堂食为主，但是随着外卖这种全新消费模式的兴起，餐厅也不得不转型或者兼顾外卖业务。从某种意义上来说，外卖其实是餐饮产业在移动互联网时代衍生出来的一个全新的业态。无论是与外卖平台合作，还是自建配送团队，餐厅与外卖业务之间的联系已经变得非常紧密。反过来说，外卖是依托餐饮产业而存在的行业，离开了餐厅，外卖行业也就失去了存在的意义。

在这个竞争日益激烈的新商业时代，"扬长避短"是企业发展的必修课，也是保障自身生存与持续发展的战略选择。产业细分在未来的很长时间里，依然会是产业发展的主流趋势。而随着产业细分越来越细致、越来越具体，行业与行业之间、不同行业的企业与企业之间的联系也会变得更加紧密。

2. 产业衍生，旧行业进入新产业

除了产业细分的发展趋势以外，随着消费者需求和市场要求的提升，产业自身也在不断衍生。而产业的衍生，有时会重新定义某种原

本不相干的行业，并将其引入自己的产业链条当中。

汽车制造产业原本主要涉及的都是一些零配件制造和组装行业的企业，但现在很多科技企业也在逐渐成为汽车制造产业的重要组成部分。随着消费者对于汽车产品的要求越来越高，除了安全性、动能、驾驶体验、耐用性、油耗等传统因素以外，辅助功能也逐渐成为人们日益关注的卖点。比如更好的导航系统、更完善的人工智能辅助驾驶系统甚至是自动驾驶系统等，都能更有效地增强消费者的购买意愿，尤其是年轻的消费者。

市场的需求变化，自然会驱使着汽车制造企业去寻求与科技企业之间的合作。与此同时，科技企业为了扩展自己的业务，往往也会选择进入新的产业，获取新的定位。2021年，华为就通过官方渠道公开表示虽然自己不造车，但要凭借强大的ICT（信息通信技术）技术能力，成为汽车制造产业链条上的一个重要环节，为厂商提供高质量的技术、智能服务。

原本并不存在联系，或者联系并不紧密的两个行业，在新的发展市场需求和发展逻辑下被整合进一个产业链，在今天已经不是什么稀奇的事情了。甚至，企业为了自身能够实现更好的发展，会主动寻求进入新的产业的机会。

总而言之，无论是产业的细分，还是产业的衍生，都在说明一个事实，在今天的市场形势下，企业始终都会是某个或者某几个产业链当中的一环。**个体不能脱离整体而存在，产品的经营、资产的经营，最终都要走向面向整个产业的经营。**

8.1.2　未来企业的竞争是产业链的竞争

从产品经营、资产经营走向产业经营，企业需要做的不仅仅是意识到自己是产业链中的一环，还要学会站在产业链的高度来思考问题。**未来企业的竞争是产业链的竞争**，企业要想在未来的竞争中占据优势地位，仅仅凭借自身的优势是不够的，还要让自己所在的产业链具备强大的竞争力。

或许有很多人会对此提出疑问：企业与企业之间的竞争，为什么会涉及产业呢？这个命题当中，其实涉及两个关键的标准，一个是竞争角度，另一个是竞争维度。

1. 竞争角度：在消费者眼中，先有产业，后有企业

互联网的不断发展，给了消费者更多获取信息的路径，所以很多时候，消费者可能比员工还要了解企业的产品。而这种深入的了解，也带来更加全方位、多角度的审视和考察。很多消费者开始不仅仅想要站在企业的角度去了解产品，更想要从企业所属的产业链角度去全面地了解产品。

过去在购买手机的时候，大多数消费者主要考虑的是品牌厂商的口碑，很少有人去详细分析手机的零配件以及后期服务的质量和水平。一方面是因为人们觉得口碑可以证明一

切，另一方面也是由于当时没有获取这些信息的渠道。

但现在情况已经发生了逆转，通过一些公开的网络渠道，消费者可以清晰地了解这些信息。于是，评判产品的标准，也从口碑为主逐渐演变为对产业链整体水平的考察。谈到某款手机时，很多消费者会充分考虑手机的核心处理器、屏幕、摄像头、电池等关键配件的供货商是谁，以及提供的配件质量究竟如何。

小米手机之所以受到广大消费者的认可，跟其产业链上所关联的企业也有着很大的关系。小米手机产业上的企业包括高通、联发科、康宁、JDI、索尼等，每一家在各自的行业内都是头部企业，所以消费者通过面向产业链的综合考察，自然能够发现小米手机的优势所在。

消费者开始从产业链的角度去综合衡量产品，无异于为企业敲响了警钟。从某种程度上来说，**正确的选择，远比盲目的努力更重要**。即便你自身的能力超强，但如果选错了合作对象，进入了错误的产业链，无异于自动失去了竞争力。所以，在经营的过程中，我们不仅要考虑自身的能力，也要站在整个产业链的高度去考虑，选择合适的合作企业，进入能满足自身主要消费群体需求的产业链。

2. 竞争维度：面向全球化市场，产业依然走在企业前面

互联网和移动互联网技术的发展，不仅让消费者拥有了从产业链的角度去全面分析企业产品水平的能力，也让经济全球化的趋势进一步加快。伴随着市场竞争力的提升，为了追求更大的市场，很多企业

从国内走向海外，开始面向国际市场经营。

面向海外市场的经营，自然要面对和当地同类型企业的竞争。在一个陌生的市场环境当中，与"地头蛇"直接较量，大多数企业都无法在第一时间找到合适的应对方案。但好在，陌生的关系是相互的，企业不了解海外市场，海外市场也同样不了解外来的企业。这种情况下，当地的消费者往往会在第一时间通过对企业所处产业在市场上的地位进行了解，然后形成对企业的第一印象。

如果企业所属产业在本国甚至国际市场上享有一定的声誉，那么就能够给相对陌生的消费者留下一个不错的印象。

> 华为之所以能够在海外市场无往而不利，拿下很多国家的订单，很大程度上是因为其他国家也知道，华为在中国的通信设备制造产业中属于绝对的第一名，即使放眼国际，也排名前列。反过来说，很多国外通信产业内的企业在进军中国市场的时候总是铩羽而归，其中一个很重要的原因就是其产业水平没有达到能够取代中国市场上相同产业的高度。

中国已然成为世界第二大消费市场，从这个角度来说，只要成为国内市场的头部企业就有可能成为事实上的世界最大企业，所以很多企业都是先进入中国市场再打入海外市场，从而走上全球品牌运营之路。与此同时，由于配套、协同的需要，品牌企业全球化经营也会把产业链带向海外市场。

可见，企业所属产业在本国市场上的优势，无异于企业打开海外市场的敲门砖。当然，无论是为了得到更多消费者的青睐，还是为了在海外市场上取得更好的成绩，企业都有必要站在产业的角度去思考问题，采取协同合作的策略做强产业链，去营造自身在海外市场上强大的竞争力。

8.1.3 生态基石，成为产业链的核心

通过选择进入合适的产业链的方式去实现产业经营，这是很多企业的必经之路。尤其对于一些在产业上游或下游寻求发展的企业来说，更是如此。

产业上游或者下游的企业，在发展的过程中极度依赖处于中间环节的生产型企业的赋能。上游企业需要一个强大的生产者，源源不断地从自己手中采购原料或零配件；而下游企业同样需要找到一个能够生产高质量产品的企业，为自己提供优质的产品，去占领用户的心智。

这种依赖也注定了，这些处于中间环节的企业在产业经营上必须打造出强大的核心竞争力，才能获得产业链中的话语权。而这种核心竞争力的打造对于处于产业链上的弱势企业来说异常艰难，它们只有选择合适的合作者，然后想办法进入其所在产业链，才能有机会实现这一目的，从而提升自身品牌影响力及经营质量。

当然，在产业链当中占据着绝对的主动地位的企业，作为核心与

基石，往往有机会主动去选择和哪些上游以及下游的企业合作，从而去构建自己的产业链和生态系统，全面提高自身的经营质量。

小米是从产品经营到资产经营再到产业经营的成功的典范。我们都知道小米奉行的是生态系统的发展战略，除了手机之外，还销售很多其他产品，比如冰箱、空调、洗衣机、扫地机器人等，这些产品大多是小米扶持的其他企业研发出来的。小米挑选这些上下游的企业，组成了自己的产业链，打造了一个庞大的生态系统，并利用协同、关联、投资等工具对这些产业链中的企业进行产业经营。

这些企业中，有的是小米直接投资入股的，有的是并购纳入旗下的，有的则成为战略供应商或战略合作伙伴。通过产业经营，小米不仅提升了自身的产业地位，增加了自身产品的竞争力和资产经营的收益，也通过对上下游协同、关联企业的投资获取了丰厚的收益。

由此可见，相对于选择加入某个产业链，企业自己塑造产业链的方式在经营方面其实具备更多优势。

1. 占据主动权，最大限度控制成本

如果企业成为产业链的核心，就可以自己塑造产业链，并且拥有了选择合适上下游合作者的主动权。而作为被挑选的一方，上下游的企业为了得到进入优质产业链的机会，往往会选择主动迎合企业的需求。在这种情况下，企业理所当然地可以用更少的成本获得更多的回

报，我们一般把这种通过规模采购、技术共享影响产业链从而获取成本、技术优势的收益，称为供应链溢价。

2. 按需组建，塑造最符合自身需要的产业链条

拥有影响产业链的主动权，不仅意味着企业可以实现经营成本的有效控制，还意味着可以根据自身的实际需要去组建最符合企业发展需要的产业链。苹果公司就是典型的产业链塑造高手，它充分利用其在手机产业链的核心地位，不断优化整合供应链体系，打造了独特的苹果供应链，同时推动整个手机产业链技术、工艺、制造甚至设备的进步。

3. 占据核心位置，掌握产业发展方向的话语权

一般来说，企业在进入一个产业链之后，大多数时候只能随着整个产业发展的趋势调整自己的经营，却很难根据自己的意愿去影响产业的发展。但是，当企业成为产业链的核心时，自然就掌握了产业发展方向的话语权。在这个过程中，产业链上其他的企业，出于对自身在产业链中所处位置的考虑，只能选择遵从核心企业制定的游戏规则。

4. 获取产业发展红利

当企业在产业链中占据主导地位或掌握很强的话语权后，就有机会沿着产业链的上下游进行投资、并购、重组，并通过分拆上市、增资退出的方式，实现产业经营的收益，获取产业发展的红利。小米、京东、腾讯等企业都是个中高手，它们在相关产业上的投资，一方面

推动了主业的进一步做强,另一方面也带来了更多的收益。

总的来说,企业建立产业链核心地位,自己影响或组建产业链,是产业经营的最高境界,也是每一个企业应该努力去追寻的发展目标。但是,成为一个生态的基石,或者说成为某条产业链上的核心并不容易,前提是企业要成为让上下游企业信服的对象。而这种类型的企业,往往需要在行业内拥有一定的口碑,或者在行业内属于绝对的头部。

当然,要达到这种境界,除了持续的高质量经营和不间断的资本积累以外,基本上没有其他捷径。但是,对于达到了这个发展高度的企业来说,如何具体影响或组建属于自己的产业链,也是非常重要的问题。企业一方面要在产业链中成为核心,并将产业链上的其他企业吸纳进自己组建的利益共同体,以便合作共赢;另一方面还要善于利用一些具体的方法,将所有能够化为己用的力量,整合进自己的产业链。只有这样企业才能用最小的成本,实现最大限度的盈利,从而实现高水平的产业经营。

8.2 产业经营从塑造利益共同体开始

当一家企业在产业链当中占据了核心地位时,其他企业大概率不得不根据这家核心企业的需求,去提供相应的资源或者服务。实际上,这种一方强势占有资源,另一方常年看眼色行事的合作关系,注定无法持久。

毕竟，其他企业进入产业链的主要目的也是盈利。如果只是为别人创造价值，难免会开始打退堂鼓。

从这个角度来说，企业要想影响或经营好自己的产业链，首先要做的事情就是和产业链当中的其他企业共同塑造一个利益共同体。也就是说，要让这些企业意识到大家在一条船上，在为核心企业创造价值的同时可以让整个产业链获得更长远的发展，这样它们自然能够分到更大块的蛋糕。

苹果公司就是这样一家企业，它凭借产品、技术创新、品牌影响力以及消费者号召力，始终处在手机产业链的主导或核心地位。整个手机产业链中的硬件、软件上下游企业都与苹果公司紧密相关，并在其影响、主导下推动技术进步、工艺革新、效率提高，从而形成产业链协同、利益相关，一荣俱荣、一损俱损的利益共同体。

8.2.1 不只合作，还要合伙

过去，在和很多企业经营管理者进行交流的时候，我发现即便是一些发展阶段较高的企业，在与其他上下游企业合作、共同组建产业链的时候，也常常会出现一些认知上的偏差。

在制订与其他上下游企业的合作计划的过程中，这些企业往往会借助自身在产业内的优势地位向对方施压，借此压低成本，提高自身的利润率，即进行利益博弈。看到这里，很多人或许会说，企业存在的主要目的就是盈利，借势而为不是理所当然的事情吗？

话虽如此，但在我看来，"天下熙熙，皆为利来；天下攘攘，皆为利往"，针对的只是个人而非集体。单独的个体或者单独的企业，为了追求利益而充分发挥自身长处的确无可厚非，但如果身处于一个产业链之内，某一方为了自身利益而牺牲其他人的利益，这种做法或许短期会获益，到最后则很可能会造成两败俱伤的结果。

外卖平台两大巨头之间，长期存在着激烈的竞争。为了打压对方的市场份额，两家平台先后用不同的方式向平台上的商家提出了"二选一"的要求。比如，美团通过设置差别费率、拖延上线时间等手段，逼迫商家与美团平台签订独家合作协议，迫使同时开设饿了么店铺的门店停止使用饿了么平台的相关服务；而饿了么也通过额外优惠和增加曝光率的方式，去引导商家签订独家合作协议，甚至还对明确表示拒绝的商家采取了关闭店铺的不合理制裁措施。

对于商家来说，自然希望可以在两个平台上同时开设店铺，接触更多用户，这样才能获得更多订单。但平台为了让自己的利益最大化，借助自己在各自产业链当中的绝对支配地位，用损害商家利益的方式去换取自身更好的发展。

商家的利益受到损害，自然会"群起而攻之"。随着大量的商家投诉之后，相关部门也对两家平台进行了不同程度的惩罚。

同一个产业链，是由不同类型、不同行业的企业共同组成的经营系统。要想实现合作共赢、促进产业链健康发展，内部各个企业之间必须协同一致，朝着一个目标努力，在为自己谋利的同时也愿意让合作者分得一杯羹。这时候，仅仅是合作关系已经不能实现这一目标，企业要做的是，进一步加强与合作者的关系，通过合伙的方式形成利益共同体。

合作与合伙，最大的区别就在于前者只是单纯地建立利益关系之上，而后者所代表的企业之间的关系更加紧密，包含了协同一致发展的属性。

当然，在实际的经营中，为了与上下游合作者建立合伙关系，企业也需要做出一定的努力。首先要有一个相同的发展目标，只有目标一致才能系统协同；其次，以实现增量为合伙的目的，只有双方都有所得，合作才能持续（见图8-2）。

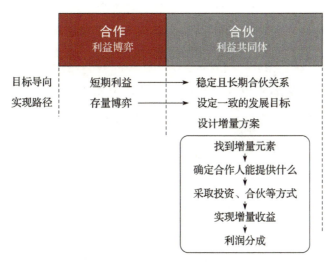

图 8-2　从合作到合伙

1. 设定一致的发展目标

无论是核心企业，还是上下游的企业，之所以走到一起，为的就是借助对方的力量，提高自己的经营质量乃至步入下一发展阶段。所以，只要核心企业在制定目标的时候，兼顾上下游企业的盈利和发展问题，使双方能够从合作中取得让自己满意的收益和进步，自然可以让整个产业链上的企业团结在一起共同努力。

但是，目标只是一个方向的指引，并不具备监管的作用。在过去的工作中，我遇到过很多次原本确立了合作发展目标，但在具体执行中却因为利益相关元素的影响而导致合作关系破裂的事情。为了自己的利益考虑，本身也无可厚非，但是这种违背信义的事情很可能会给企业声誉和品牌带来负面影响。

在一次行业交流会上，我听创维集团的一个供应商说了这样一件事。之前，他们曾经为其他电器制造企业提供过原材料和零配件，本来已经签订了合作协议，但之后另外一家同类型的供应商加入了竞标，并提供了更低的价格。而这家电器制造企业为了自身的利益，果断与他们解除了合作关系，与另外一家供应商签订了合作协议。

这件事情发生之后，供应商以企业违反合作协议为由诉至法庭，要求企业按照合同赔偿违约金。但最终企业以合同并未真正开始履行为由，避开了巨额的违约金，只赔付了少量的钱款。虽然企业胜诉，但其违背合同、欺压供应商的事实也传播开来。很多与之合作的优质供应商在合作协议完成之后，纷纷选择了不再与其续签。企业的生产、经营因此受到了严重影响，品牌形象受损，盈利水平下降严重。

从长远的角度来说，企业如果想要谋求更好的发展，还是应该将适合且优质的合作伙伴固定在自己的产业链当中，形成稳定且长期的合伙关系，而不是以短期利益为标准来选择合作伙伴。所以，我们一旦确定了要和哪些企业建立合伙关系，就要尽量坚持下去，绝不能因为一些眼前的利益而放弃未来长远的合作。

当然，有些时候，受限于自身的眼界与认知，企业很可能会选择一些错误的合作对象。如果选择的上下游企业无法为自己提供有效的帮助，就要学会果断地放弃继续合作，重新选择合作伙伴。

2. 设计增量方案

要促进产业链的共同发展，聚焦共同的增量目标、行动方案是非常有效的一种方法。那么，要如何设计出具体的产业链增量方案呢？

要设计一个完整的增量方案，首先需要找到增量元素，也就是核心企业的关键发展要素。比如，对于生产制造企业来说，更高的技术和生产水平就是发展的重点，也是成功获取更多利润的关键；而对于服务类企业来说，与众不同的体验和绝对超过平均水平的高质量就是发展的侧重点。只有找到企业的关键增量元素，才能有目的地去制订增量方案。

找到增量元素之后，企业就可以根据产业链上下游企业的具体情况，确定在增量元素的提升方面这些合伙人能够为自己提供哪些助力。然后采取投资设备、设立联合实验室、技术协同、组建协会以及成立合伙企业等方式实现共同进步，实现增量收益。

最后，企业还要根据上下游企业为自己赋能的重要性以及实际创造的价值，去将增量实现带来的更多的利润，按照合适的比例分给这些合伙人，因为只有共赢才能长期合作。

8.2.2 提高产业链运作效率

与上下游企业建立稳定且长期的合伙关系，只是为产业链的协同发展提供了组织基础，要想提高这个产业链的经营质量，企业还需要提高产业链的整体运作效率。其中最直接的方式，莫过于建立一套协同一致的运作系统，将核心企业与上下游企业的经营更加紧密地结合在一起。

一套完整的产业链协同运作系统，通常包含两方面的内容：其一是核心企业与上游企业之间的协作，例如建立完善的采购、存货管理制度，避免原材料的堆积或者浪费，从而降低采购成本；其二是核心企业与下游企业的协作，例如设计全面的辅助服务解决方案，为产品销售中和销售后的服务工作提供具体的解决方案。

1. 与上游企业协作

在过去的很长时间里，很多企业在向上游企业采购的时候，为了降低成本，总是缺乏计划地进行大规模的批量采购。这样做虽然避免了生产损耗造成的原材料不足的问题，也降低了采购的单价，却在无形中增加了仓储成本。更重要的是，这种采购方式往往会遗留下很多无用的原材料，导致资源浪费。这样做看似降低了单价，但采购的总成本很可能并没有因此而降低。

而当双方建立了稳定且长期的合伙关系之后，上游企业就能够源源不断地为核心企业提供资源，核心企业也就没有必要继续采用这种大宗采购的方式去降低单价，反而可以更加灵活、更加有针对性地按需采购。

> 丰田公司是精益生产概念的提出者，这一概念引导了很多传统制造业的企业从粗放向细致的经营系统开始转变。在丰田公司的成功经验中，非常重要的一点就是所谓的"看板制"。所谓"看板制"，简单来说就是丰田的生产部门会根据产品制造的需要，制定一个完善的原材料、零配件的匹配清单，并即时同步给采购和物流部门。如果库房当中缺乏原材料，采购部门会迅速进行采购和补充；如果库房当中有现成的原材料，物流部门则会迅速地将其运送到需要的地方。这种高效的采购和物流匹配系统，极大地提高了丰田的生产效率，也在一定程度上避免了大规模批量采购给企业带来的资金压力。

按照实际的需求进行采购，从某种程度上来说是在稳定而牢固的合伙关系下上游企业给予核心企业的便利条件之一。如果没有这么紧密的联系，按需采购、合理仓储很难有效实现。

2. 与下游企业协作

在产品的销售过程中，企业往往需要一些额外的配套服务，比如物流、售后维修、退换货等。而这些，通常由产业链当中的下游企业来提供。

作为核心企业，我们不能仅仅确认自己的产业链当中集成了客户所需的服务能力，还需要按照客户的真实需求，将服务客户的过程整合成一套完整的解决方案，这样才能将客户在特定的时间节点所需的服务项目，以流程方式确认下来，用以规范和指导下游企业的配套服务工作。

总而言之，如图8-3所示，建立与上下游企业充分合作的机制，是产业链能够高效运作的基础。当然，在基础之上，常常还会发生一些具体的发展问题。本着具体问题具体分析的宗旨，在之后的内容中，我们将系统分析产业经营究竟会遇到哪些具体问题，这些问题又应该如何解决。

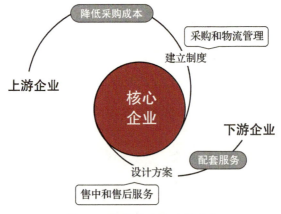

图8-3 提高产业链运作效率

8.3 产业经营要善于利用技巧

经营一家企业本身已经是一件很复杂的事情了，而在将企业与上下游企业整合到一个产业链当中之后，自然会形成一个更加复杂、更加庞大的系统。这时候企业会面临更多的问题、更多无法预估的风险，经营的难度也会成倍增加。

就像之前讲到的，当企业发展到一定的高度时，必然会从相对封闭的个体走向更加开放的产业，去寻求更多的发展可能。也就是说，产业经营是企业高质量经营的必经之路，也是发展过程中一个非常重要的阶段。

8.3.1 产业经营的关键问题

我曾经和很多企业经营管理者探讨过一个话题，那就是当企业发展到能组建或影响自己所在的产业链的阶段时，经营的关键问题究竟有哪些。当时，众说纷纭，没有形成一个统一的认知。这个问题，直到我在创维集团主管整个电视产品后才开始慢慢有所体会。

当时的创维集团已经成为自己所在的产业链上的核心，和很多上下游企业建立了长期而稳固的合作关系，也一直在推动着整个产业向前发展。虽然发展到了一定的高度，但创维集团的经营问题依然存在，主要包含两个问题：第一个问题是产业链之间的同质化竞争，它来自现在，简单来说，就是如何在与其他同类型企业构建的产业链的竞争中保持一定的优势；第二个问题是面向未来的全面发展，它着眼于未来，具体来说，就是如何在瞬息万变的市场局势下创造更多发展的可能性，实现更加良性的发展。

1. 产业链之间的同质化竞争

同一行业中发展到同一阶段的企业，都可以通过整合上下游资源，组建自己的产业链。同类型企业之间会因为目标消费群体的重合而产生竞争，同类型产业链之间也是如此。

比如，创维集团有自己的上下游资源，整合到一起形成了创维集团的产业链。而其他的电视品牌也会根据自己发展的需要，整合一些资源，组建自己的产业链。这当中可能存在一些重复的上下游企业，但因为核心企业的不同，两个产业链之间的竞争关系始终存在。

无论从哪个角度考虑，核心企业的发展也好，整个产业链的共同进步也罢，最终都要通过在竞争中取胜来实现。只有得到消费者的认可，提高销量，产业链中的企业才能得到更多的收入，实现高质量经营。所以，不解决竞争的问题，产业链未来的发展也无法获得有效的保障。

2. 面向未来的全面发展

在竞争中取胜，只能解决企业和所在产业链当下发展的问题，但未来的发展依然充满着不可控因素，现在的优势在未来未必依然存在。所以，如何研究及开发产业链未来发展的关键技术、产品、标准是产业经营的关键。但是有很多企业总是会因为眼前的一些利益，或者因为追求稳定的经营状态，而放弃更多未来发展的可能性。

很多受大家欢迎的影视作品都会拍摄续集，甚至还会拍摄一些衍生作品。比如《速度与激情》《变形金刚》《星球大战》等，都有一系列的主线剧情，以及各种外传、前传、后传等衍生作品。但无论是续集，还是衍生作品，作品的口碑和观众评价往往都会逐渐走低。

为什么会出现这种情况呢？这是因为观众的好奇心是有限度的——当某个高质量、高水平而且新鲜感十足的作品出现时，因为缺乏过往的评判标准，所以很容易给人们留下深刻而良好的第一印象。但很多时候，这种良好的第一印象，会在无形中拔高人们对于后续作品的期待值。而当后续作品无法超越前作，或者无法达到前作的标准时，观众的评价自然会越来越低。

《变形金刚》第一部在豆瓣上获得了 8.1 的高分，但之后推出的续集，评分则是一部不如一部：第二部 7.6 分，第三部 7.0 分，第四部 6.5 分，第五部 5.0 分。《速度与激情》虽然整个主线系列作品的评分都比较稳定，基本达到了优质影片的级别，但其衍生作品的口碑却非常一般。（注：统计时间为 2021 年 9 月。）

既然续作，并不能继续强化初作的 IP 价值，给自己带来更好的口碑，为什么制作公司依然源源不断地对它们进行投资呢？其实，制作公司也知道续作很难超越初作，但是一个成熟 IP 背后的市场号召力以及能够产生的即时收益，让他们无法放弃眼前的利益。而且，为了快速获得利益，他们大多不会用更多的时间和更多的投入去打磨一个更好的续作。

对于企业的产业经营来说，也是同样的道理。在一个成熟的产业链当中，长期存续的上下游合作关系会给企业带来稳定的收益。虽然利润增长的空间有限，增长的速度也在逐渐放缓，但稳定而持续的收益，已经足以激活经营管理者的惰性，让他们放弃继续进行产业链的扩张与延伸。

所以，在产业经营上，我们不只要和其他同类型的企业和产业竞争，还要和自己的认知、习惯和惰性竞争。只有意识到这些问题的所在，才能更加准确地制订解决方案，实现更高质量的经营。

8.3.2 化敌为友，错位竞争

谈到产业竞争这个话题，对于还没发展到能够组建自己产业链的层次的企业，或许没有办法真切感知到。甚至，我之前和一些企业经营管理者在讨论这个话题的时候，有不少人是以企业竞争的视角来看待产业竞争的。但实际上，产业竞争远比企业竞争复杂。

从表面来看，产业竞争的核心和企业竞争的核心没太大区别，基本都聚焦在产品和服务质量的层面。但从微观的角度来看，企业之间产品和服务的竞争，考验的主要是企业的研发、生产和服务能力；而产业之间产品和服务的竞争，除了考验核心企业自身的能力水平，还会额外考验产业链上核心企业与上下游企业在经营上的协同能力。协同的水平越高，产业链的运作效率也就越高，相应地，产品和服务的成本也会随之降低，从而给整个产业链带来性价比方面的优势。

但话说回来，决定一个产业链整体经营质量的关键，依然是核心企业自身的发展水平。一个以基础能力强大、科技水平极高的企业为核心的产业链，即便上下游合作企业的水平稍微差一些，也能在很大程度上为消费者提供高质量的产品和服务；而一个自身能力相对有限的核心企业，即便有高水平的上下游企业作为辅助，最终也很难拿出亮眼的产品和服务得到消费者的认可。

从这个角度出发，产业之间的竞争首先是核心企业能力的竞争，然后才是核心企业与上下游企业之间的协作水平的竞争。

> 共享单车等共享经济形式刚刚兴起的时候，企业大多是通过低廉的价格来吸引用户使用的。然后企业开始培养用户的习惯，同时逐渐提高价格，最终从中获益。这样的想法很正确，但实际操作起来之后，却因为各个产业链之间的相互竞争而毁掉了整个行业。
>
> 为了博得更多用户的青睐，在同质化的产品中脱颖而出，很多核心企业选择了忽略成本的营销投入。产品投放出去，首先考虑的问题不是盈利，而是如何获得更多的用户数量。这样一来，核心企业一方面要负担营销方面的投入，另一方面还要支付给上下游企业相应的费用，资金压力极大。即便有投资者在背后支撑，这种竞争状态的常态化也会逐渐让投

资者失去信心。

最后，大量的共享单车企业因为入不敷出而宣告破产。同时陷入尴尬局面的，还有以这些企业为核心的产业链上的上下游企业。共享单车制造商生产出来的产品没有人继续采购，负责产品投放后各种服务的企业也失去了原有的市场。当一个产业链当中的核心企业走向败亡，依附于核心企业而成长起来的上下游企业，同样也会失去继续发展的动力。

藤蔓依附树木所以参天，一旦树干断裂，藤蔓也只得跌落地面，重新寻找其他的依附对象。所以，无论是为了自己的发展，还是为了产业链上其他合作伙伴的发展，我们都不能让企业陷入这种没有赢家的竞争漩涡。

在大多数的企业经营管理者眼中，所谓竞争，无非就是用自身的优势去打击对方，抢占对方的客户和市场。但是，竞争也并不一定你死我活，良性的竞争带来的结果还可以是大家都活得很好，且共同促进产业的发展，这也是市场经济的精髓。

即便相同类型的企业也有各自不同的发展轨迹，当它们发展到能够组建各自产业链的高度，产业链的发展也会存在一定的区别。而区别的存在，意味着我们可以通过错位竞争的方式，去避开对方的优势区位，用我们的优势力量去占据市场上某一领域的话语权。同时，产业层面的偏向差异、错位竞争，从某种程度上也说明了，不同产业链之间其实也有合作的可能。

1. 错位竞争，扬长避短

一个企业如果能够得到消费者的认可，稳步提升自己的发展阶段，说明其核心竞争力即产品和服务方面必然有独到之处。这种核心竞争力层面的优势，如果可以延续到产业经营的发展阶段，同样会成为企业赢得竞争的撒手锏。

在还未成为国内电器行业头部企业之前，海尔在经营的过程中就已经开始重视产品的相关服务了。在其他同类型企业的产品还无法提供系统的售后服务时，海尔就已经开始在很多城市的市场为客户提供上门安装、维修的全套服务了。也正是凭借服务方面的优势，海尔才迅速打开了市场。直到今天，海尔已经组建了自己的产业链条，但服务至上的经营宗旨依然被坚持奉行，甚至通过下游企业在持续不断地提高服务质量。

商场如战场，正面交锋、短兵相接，始终都是下下之策。避其锋芒，以强击弱才是取胜之道。在同质化竞争严重的市场上，企业能够拥有独特优势实属不易，所以一定要充分发挥自身的优势，通过错位竞争取胜。

2. 在竞争中合作

借助自身的优势，与其他同类型产业链进行错位竞争，的确可以帮助企业在某些特定领域占据优势。但是，对于错位竞争，不同的企业有各自不同的理解。很多企业可以约束自己不进入产业链上同类型企业的优势领域,却约束不了其他企业进入自己的优势领域。一旦这种情况发生,虽然不会产生根源性的影响,但也会一定程度上侵蚀企业的收益。

所以,企业不仅要错位竞争、扬长避短,同时还要在竞争中求合作,与竞争对手合作共赢。也就是说,双方应该各自发挥自身的优势,在各自的领域当中深耕,在利益存在交集的领域中良性竞争。现实当中,并不缺少这种看似相互竞争但实际上却是相互促进、共同进步的企业以及产业链。

比如,从两家企业发展到两个产业链上的核心企业,可口可乐和百事可乐的竞争从未真正停止。每当其中一家企业推出某款新产品,另一家企业的同类型产品也会很快投放市场。甚至,在之前两家企业还会通过消遣对方品牌的方式来进行广告宣传。虽然二者之间一直在竞争,但这种竞争并没有对各自的产业链发展产生不良的影响。甚至在二者相互竞争的宣传效应下,饮料产业的整体发展反而取得了不错的成绩。

再比如,奔驰和宝马这两家企业主打的都是高端汽车产品,经营中自然会存在竞争。但竞争归竞争,两家企业之间的竞争关系却一直很友好。2020年3月,在宝马庆祝104岁生日的时候,宝马中国发布了一条微博,附言"奔驰一生,宝马相伴"。随后奔驰转发并附言"宝马相伴,奔驰一生"。二者之间的良性竞争,在业界以至整个商业一直都被传为美谈,这也在无形中提高了消费者对两家企业的印象分。

当然，除了良性竞争的关系之外，如果两个产业链的核心竞争力存在互补关系，那么企业还可以直接与对方合作，共同取得更多的利益。

8.3.3　跨界融合，实施生态战略

在之前的内容中，我们提到了解决产业竞争的方法。但其实，要想在竞争中获胜，最一劳永逸的方法就是提高自己的发展水平。当你凭借实力走在时代之前时，竞争对手自然就被甩在了后面。

而要想走在时代的前面，自然需要了解产业的未来发展趋势。那么问题来了，未来的产业发展趋势究竟是什么呢？

创维集团成为国内电视机产业的一线品牌，凭借的是传统的电视机产品。但随着互联网技术和移动互联网技术的发展，能够随时播放视频内容的流媒体平台开始在智能手机端口大行其道，电视机产业也因此遭受了一定的冲击。为了应对这种市场潮流的变化，互联网电视应运而生，很多互联网企业也看到了这个风口，纷纷进入。这时候，创维集团也开始以传统制造业企业的身份，尝试着通过融合互联网的元素来推动自身的转型和新产品的开发。

后来的事情，相信很多人也都了解了，互联网电视产品的风靡将很多传统制造业企业淘汰出局。而创维集团凭借开放的心态以及积极融合互联网产业元素的创新变革，始终在行业内占有一席之地。截止到2020年，创维集团在国内电视机产业内依然排名靠前，保持着充分的活力和较强的竞争力。

无论是企业还是行业，都有自己的生命周期，产业链同样如此。随着科技的发展和社会的进步，很多产品都会因为落后而被淘汰出局，这是市场的规律，也是历史的必然。而一旦某种产品被淘汰，把这种产品作为主营商品的企业自然也会随之退场，相应地，以这个企业为核心集成起来的产业链也会随之崩塌。

要想实现长远的发展，企业在产业经营的过程中就必须学会在现有产业链的主营业务走到极限之前，找到一个新的利润增长点来支撑产业链的未来发展。

说到这里，新的问题又出现了，新的利润增长点到哪里去找？从原有的产业当中挖掘比较难，就算能找到，如果是企业并不擅长的业务，在和其他产业链的竞争中也很难取胜。不过，如果企业可以保持一种开放的心态，像创维集团一样积极主动地去其他领域寻找热点或潮流，充当自己转型升级的跳板，往往可以获得不错的效果。哪怕这个领域与自己原来经营的产业相关性并不高，只要有可行性，有不错的收入前景，就都可以积极尝试。毕竟，很多全新的产业都是在不间断的尝试中生长出来的。

从学术的角度来说，这种广泛进入其他领域寻找未来的发展方向，丰富自己的产业链条的经营模式被经营管理者们称为"生态战略"。

之前，湖畔大学的曾鸣教授也曾经在《智能商业》一书中提到过类似的观点。他认为企业的发展会经历四个阶段，分别是

"点""线""面""体"。"点"就是一个单独的企业;"线"是我们之前提到的产业链,即核心企业将上下游企业整合在一起,形成一条完整的价值创造的链条;"面"则是我们接下来要重点讲到的生态战略,即以产业链为基础,向相邻的产业和领域扩散,融合大量的新元素,组成完整的生态系统;至于"体",则是在生态系统的基础上,深入垂直领域,形成立体化的经营系统(见图8-4)。

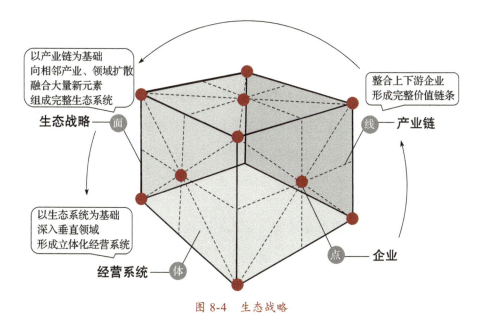

图8-4 生态战略

在我看来,曾鸣教授总结的这个规律,对产业经营有非常强的现实指导意义。虽然企业的发展未必会严格遵照这个规律来进行,但大致的发展路径不会出现大的偏差。从这个角度来说,跨界融合,实施生态战略是企业产业经营过程中不可避免的一个关键环节。那么,在实际的经营中,企业又该如何融合其他领域的元素,又该怎样构建自己的生态系统呢？

1. 选择合适的跨界领域

跨界融合，意味着企业要到自己并不熟悉的产业当中去寻找合适的未来商机。既然是自己不了解的产业或领域，那么想要准确洞察其发展规律显然并不容易。再加上，商机转瞬而逝，市场不会留给经营管理者太多思考和布局的时间。所以，最佳跨界选择就是从产业链的相邻产业或领域入手。

之所以这么说，有两方面的原因：首先，即便企业没有刻意地了解相邻产业或领域，也会知道一些基本的发展逻辑，不至于一头雾水，摸黑过河；其次，相邻产业或领域之间的发展逻辑，本身就存在一定的相似度，企业的经营管理者在跨界融合的过程中，更容易理解和吸收，从而迅速定位可以融合的元素。

比亚迪是国内排名前列的汽车制造厂商，尤其在新能源汽车领域更是后来居上的佼佼者。但很多人不知道的是，比亚迪的产业链条上，除了汽车制造的核心业务以及围绕核心业务而集合的上下游企业之外，还有紧密相关的其他业务。

在研发制造新能源汽车之前，比亚迪的核心业务是锂电池的研发制造。在这项业务中，比亚迪深耕多年，不断投入资源用于新产品的研发。其中，成功推出的专用于新能源汽车的刀片电池，体积小、利用率高，比普通的汽车电池提升了50%以上的续航里程。正是凭借在锂电池研发制造领域的领先地位，才让比亚迪在进入新能源汽车领域之后成为更有竞争力的厂商之一。

除此之外，比亚迪还借助自己强大的设备制造能力，为其他企业组装产品，成为重要的原始设计制造商（ODM）和原始设备生产商（OEM）。比如，我们所熟知的华为手机，很多就是由比亚迪代工组装的。甚至在2020年新冠肺炎疫情期间，比亚迪还临时开拓了口罩的生产线，有效地缓解了当时的防护产品短缺的窘境。

锂电池研发生产、设备自制、ODM或OEM、防护产品生产，这些业务均和与其制造能力相关的产业链紧密结合。凭借这种看似跨界，实际只是向相邻产业的迁移，比亚迪在某种程度上已经实现了多样化发展。

相邻的产业和领域，能够和企业所在产业链上的一些环节形成连接，企业的跨界融合自然也更容易实现。

2. 引入新元素，构建生态系统

找到了合适的跨界领域和未来的增长元素之后，企业自然要将新元素引入自己的产业链，从而构建覆盖更多业务的生态系统。表面上看，这是顺理成章、自然而然的结果，但实际上，很多企业构建生态系统之所以失败，就是因为无法将新元素引入原有的产业链。

2021年，"法拉第未来"在美国正式上市，贾跃亭再一次进入大众视野。相信很多人都还记得，乐视因构建生态系统失败而导致企业最终破产的事情。当时，发展势头正盛的乐视，为了构建自己的生态系统，盲目地将大量新的业务引入企业。虽然表面来看组成了一个涵盖了很多行业的生态系统，但实际上，这些后续加入的业务并没有真正融入乐视原来的产业系统。在经营上，这些新业务也常常各自为战，缺乏统一的目标指引，也缺乏技术、业务协同。长此以往，这些后续引入的大量新元素，非但没有给产业的发展提供任何助力，反而占用了大量的资金，影响了乐视的正常发展。最终，生态系统崩溃，乐视因此一蹶不振。

将新元素引入原来的产业链，组建生态系统，从某种意义上来说是一个技术活。并不是说，把一个其他产业或领域的商机直接放进企业的经营系统当中，它就会自动运转，这时候需要企业对这种新元素进行个性化改造，将其和自身的产业系统相融合，这样才能避免水土不服的情况，进而让新增加的元素按照预期发挥作用。

跨界融合，实施生态战略，归根结底就是要求企业打破封闭的产业经营系统，到更加广阔的市场当中去寻找新的发展机遇。对于过去的企业来说，这一点或许没有那么重要，因为市场的演进速度慢、变化少；但是现在，如果企业没有面向未来的眼光和远见，当未来到来时，即使企业想要改变，也已经失去了先机。

后　　记

"生于忧患，死于安乐"不仅是朝代兴衰更替的原因，也是企业从崛起到没落的真实写照。市场上有太多的企业，成功度过了危机重重的初创期，最终却倒在了看似一片坦途的稳定发展阶段。在这个阶段，虽然商业模式已经经过市场验证，企业只需要通过扩大业务规模就能获取更多收益，但发展的风险始终存在。只不过大多数时候风险存在于企业的内部，容易被美好的前景和不错的收益所掩盖。

稳定的发展带来的不仅仅是企业步入正轨的喜悦，同时还有志得意满后的懈怠。很多创业者在企业进入稳定发展阶段之后，会迅速地完成角色的转变，把工作的重心放在内部的管控与提升上，成为单一的管理者。看似合理的转变，背后却是对经营的忽略。实际上，抛开业务层面的持续成长，团队效率的不断提高其实意义不大。这就是为什么我一直强调企业需要重新去认识经营和管理，需要重新定义经营管理者的角色。

企业的经营也好，管理也罢，其实都是非常复杂的命题。我们讲了那么多具体的理论、方法，以及经验、教训，但这些内容最终能否被吸收和有效转化，起到帮助企业成长的作用，关键还是在于经营管理者能否意识到经营的重要性，明确经营与管理的关系，以及用财务视角来看待和研究企业的经营与管理问题。

我希望这本书可以改变广大经营管理者的传统认知，帮助大家换个角度重新认识企业的经营和管理，深刻把握企业高质量经营的本质、呈现方式，以及相关前提、逻辑、组织和经营的三大维度，进而重塑思维模式，实现更好的发展。